इनसानियत के फंडे

लेखक की पुस्तकें

जिंदगी
न मिलेगी दोबारा
एन. रघुरामन

युवा भारत
की नई पहचान
एन. रघुरामन

अब हमें
बदलना
होगा
एन. रघुरामन

फिर भी
जिंदगी
खूबसूरत हैं

लक्ष्य प्राप्ति के
फंडे

इरादे
हों तो ऐसे

जब सोचो
बड़ा सोचो
एन. रघुरामन

इंसानियत के
फंडे

खुशहाल फैमिली के
फंडे
एन. रघुरामन

Positive सोच के
फंडे

नए दौर के
बिज़नेस
फंडे
Business की Wow सोच

जीवन जीने
के
फंडे

सफल बिजनेस
के
फंडे
एन. रघुरामन

लीडरशिप
के
फंडे

स्मार्ट बनने के
फंडे
एन. रघुरामन

इनसानियत के फंडे

एन. रघुरामन

प्रकाशक

प्रभात पेपरबैक्स

4/19 आसफ अली रोड, नई दिल्ली–110002

फोन : 23289555 • 23289666 • 23289777 ❖ फैक्स : 23253233

इ–मेल : prabhatbooks@gmail.com ❖ वेब ठिकाना : www.prabhatbooks.com

संस्करण

2016

मूल्य

एक सौ पच्चीस रुपए

अ.मा.पु.स. 978-93-5048-476-0

मुद्रक

नरुला प्रिंटर्स, दिल्ली

———— ★ ————

INSANIYAT KE FUNDE

by N. Raghuraman

Published by **PRABHAT PAPERBACKS**
4/19 Asaf Ali Road, New Delhi-110002

ISBN 978-93-5048-476-0

₹ 125.00

दो शब्द

प्रसिद्ध ब्रिटिश दार्शनिक लॉरेंस स्टेम ने 17वीं सदी में कहा था, ''ज्ञान की भूख समृद्धि की भूख की तरह होती है। जितनी मिलती है, भूख उतनी ही बढ़ती जाती है।'' लॉरेंस स्टोम की यह छोटी बात बड़ा इशारा करती है। आज का युग ज्ञान का युग है। चहुँओर फैले ज्ञान के इस असीम सागर से कुछ मोती चुनकर लाना आसान नहीं होता। वक्त की आपाधापी में हम अपने बीच ही घटनेवाली कुछ बातों को अनदेखा कर जाते हैं। कुछ ऐसे भी लोग हैं जो इन्हीं बातों का मतलब गहराई से समझते हैं और दूसरों को वही अर्थ सरल भाषा में समझाते हैं। ऐसे ही मानकों पर खरा उतरता है एन. रघुरामन का मैनेजमेंट फंडा। भारी और लच्छेदार वाक्यों का इस्तेमाल किए बगैर, जीवन की हकीकत और जीवन प्रबंधन की कला आम पाठकों तक पहुँचाने का सहज माध्यम साबित हुआ है, दैनिक भास्कर और दिव्य मराठी और दिव्य भास्कर का नियमित स्तंभ, 'मैनेजमेंट फंडा'।

वर्ष 2003 में विविध क्षेत्रों से जुड़ी जानकारी सहज-सरल भाषा में आम पाठकों तक पहुँचाने के लिए मैनेजमेंट फंडा की शुरुआत हुई। धीरे-धीरे यह स्तंभ लोकप्रियता के नित नए सोपान चढ़ता गया। यहाँ तक कि साल के 365 दिन पाठकों को इसका इंतजार रहने लगा। आज यह स्तंभ गागर में सागर की तर्ज पर ज्ञान समेटे हुए है। इसकी मदद से जीवन के विभिन्न क्षेत्रों और स्थितियों को देखने का नजरिया विकसित होता है। जीवन का कोई क्षेत्र शायद ही रघुरामन की नजर से बचा हो। यह

पुस्तक उनके आठ वर्षों में प्रकाशित स्तंभों का चुनिंदा संग्रह है। उम्मीद है कि पुस्तक विभिन्न आयु के पाठकों में मूल स्तंभ की तरह ही लोकप्रिय होगी और उन्हें विभिन्न स्थितियों में आगे बढ़ने की राह दिखाएगी।

—रमेश चंद्र अग्रवाल

अध्यक्ष

भास्कर समूह

आभार

मेरे द्वारा लिखित स्तंभों का इस पुस्तक के रूप में आना कई शुभचिंतकों के सहयोग से ही संभव हो सका है। सबसे पहले मैं दैनिक भास्कर समूह के प्रबंध निदेशक, श्री सुधीर अग्रवाल का आभार व्यक्त करना चाहूँगा, जिन्होंने मुझमें विश्वास व्यक्त किया कि मैं साल के 365 दिन और सालो-साल किसी एक विषय पर लगातार लिख सकता हूँ। उनकी प्रतिबद्धता और मुझमें विश्वास ने मुझे अभिव्यक्ति के लिए मंच प्रदान किया। मैं विज्ञापन प्राप्त करने के दबाव से मुक्त होकर निरंतर लेखन कर पा रहा हूँ और इससे मुझे करोड़ों पाठकों का असीम प्रेम मिल रहा है।

अपनी पत्नी प्रेमा और बेटी निशेविता, जिसके क्रमिक विकास से मुझे मैनेजमेंट के नए सिद्धांत और सूत्र मिले, की धैर्यपूर्ण भागीदारी के प्रति भी मैं आभार प्रकट करना चाहूँगा। दैनिक भास्कर समूह के वरिष्ठजनों और सहयोगियों की चिंतनशील सोच और सहयोग के बिना मेरे लेखन को सार्थकता नहीं मिलती; इन सबका मैं कृतज्ञ हूँ—सर्वश्री रमेश चंद्र अग्रवाल, सुधीर अग्रवाल, गिरीश अग्रवाल, पवन अग्रवाल।

अनुक्रम

महान् व्यक्ति अच्छे इनसान भी होते हैं

यह वाकया 1950 के दशक का है। जमशेदपुर का सतीश परिवार में तीन बहनों के बीच अकेला लड़का था, लेकिन दुर्भाग्य से उसे कैंसर हो गया। उसे आखिरी स्टेज में मुंबई के टाटा मेमोरियल अस्पताल में भरती कराया गया था और परिवार परेल, जहाँ अस्पताल था, वहाँ से दो स्टेशन दूर माटुंगा में चाची के घर में रुका हुआ था; लेकिन हालत में सुधार न होते देख डॉक्टरों ने जवाब दे दिया और माता-पिता को सतीश को घर ले जाने की अनुमति दे दी।

सतीश ने एक दिन चाची के घर में इच्छा जताई कि वह पंडित रविशंकर को सुनना चाहता है, निश्चित रूप से उसे ऑडिटोरियम तक ले जाना दुस्साहस भरा कदम था। लेकिन यह मरनेवाले व्यक्ति की अंतिम इच्छा थी। इसलिए बजाय इस लड़के को यह समझाने के कि ऐसा कर पाना उसके लिए संभव नहीं है, उसकी बहन सुनीति अपने बीमार भाई को खुद वहाँ लेकर गई।

सुनीति ने पंडितजी के उस रात के कार्यक्रम का टिकट खरीदा और वे पहली पंक्ति में जाकर बैठ गए। पंडितजी ने भावपूर्ण प्रस्तुति दी, लेकिन बहन का ध्यान उनके संगीत पर नहीं था। उसके दिमाग में कुछ और ही चल रहा था। उसके दिमाग में सिर्फ एक ही विचार घूम रहा था कि पंडितजी, उसके भाई के लिए सितार बजाएँ, इसके लिए वह क्या कर सकती है? उसने प्रस्तुति के दौरान अनुरोध करने के लिए कई बार पंडितजी से आँखें मिलाने की कोशिश की। पंडितजी की आँखों से कई बार उसकी आँखें मिली भी। लेकिन सुनीति के चेहरे पर आँसू देखकर पंडितजी मुसकराए, क्योंकि कलाकार समर्पित श्रोता को देखकर प्रसन्न होता है।

पंडितजी ने प्रस्तुति के दौरान एक के बाद एक कई राग बजाए। जब तक पंडितजी ने अपनी प्रस्तुति का समापन नहीं किया तब तक श्रोता अपनी जगह से नहीं हिले। कार्यक्रम के बाद जब पंडितजी ग्रीन रूम में थे तो उनसे कई लोग मिलने की कोशिश कर रहे थे। सुनीति किसी तरह लोगों को पीछे छोड़कर आगे पहुँची और पंडितजी का ध्यान अपनी ओर खींचा। पंडित रविशंकर ने उसको नजदीक आने का इशारा करते हुए पूछा कि तुम वही लड़की तो नहीं, जो हॉल में बैठकर आँसू बहा रही थी? सुनीति को तब समझ नहीं आया कि वह इस सवाल का क्या उत्तर दे, क्योंकि उसके आँसू की वजह कुछ और थी। उसने सितार वादन की प्रशंसा करते हुए कमरे में आने की अपनी असली वजह बता दी। इसके बाद पंडितजी ने सुनीति को अपनी बाँहों में ले लिया और उनकी आँखों से आँसू बह निकले। इसके बाद वहाँ कुछ क्षणों के लिए इतनी गहरी खामोशी छा गई, जो पंडितजी के संगीत से अधिक गहरी थी। वहाँ उस्ताद अल्लारक्खा खानजी मौजूद थे। पंडिजी ने उनसे अगले दिन के कार्यक्रम के बारे में पूछा। जवाब मिलने के बाद वे सुनीति की ओर मुड़े और कहा कि 'कृपया आप मुझे अपना पता बताएँ, हम कल रात वहाँ आएँगे।'

सुनीति यह सुनकर स्तब्ध रह गई। उसे अपने कानों पर विश्वास नहीं हो रहा था। उसने पंडितजी और उनकी मंडली के लिए गाड़ी का इंतजाम करने के बारे में हौले से पूछा। तो पंडितजी ने इससे साफ इनकार करते हुए कहा कि, 'बेटी, इसकी कोई जरूरत नहीं। एक तो पहले ही तुम्हारा परिवार मुश्किलों का सामना कर रहा है। इन तमाम कष्टों के बावजूद तुमने यहाँ आकर मुझे बुलाया है। हम अपने साधन से आ जाएँगे। बस तुम हमें यह बता दो कि हमें कहाँ आना है।'

वे अगली शाम अपनी मंडली और वाद्ययंत्रों के साथ टैक्सी से पहली मंजिल के उस फ्लैट में पहुँचे। सीधे उस बेडरूम में गए, जहाँ सतीश उनका इंतजार कर रहा था। पंडितजी पूरी रात सितार बजाते रहे और उस्ताद अल्लारक्खाजी संगत करते रहे। बीच-बीच में वे सतीश से उसका पसंदीदा राग पूछते और फिर वही बजाते। आखिर में अलस्सुबह उन्होंने 'भैरवी' राग बजाया।

संगीत के इन दो दिग्गजों ने इसके बाद सुबह सतीश और उसके परिवार के सदस्यों के साथ नाश्ता किया। फिर काफी देर तक वे सतीश से सामान्य बातचीत और हँसी-मजाक करते रहे। मजेदार बात यह है कि उन्होंने टैक्सी लाने के लिए इनकार कर दिया। वे विन्सेट रोड (अब आंबेडकर रोड) पर टैक्सी का इंतजार करते रहे, जब तक उन्हें खाली कैब नहीं मिल गई। उनमें से किसी ने भी इस

भावपूर्ण अनुभव के लिए एक पैसा नहीं लिया। यहाँ तक कि टैक्सी का किराया भी नहीं। उनका सिर्फ एक ही मकसद था, मौत से जूझ रहे व्यक्ति को खुशी देना।

फंडा यह है कि पहले आप मनुष्य बनें और तभी आप महान् कलाकार बन पाएँगे। क्या आपको इससे भी बेहतर उदाहरण की जरूरत है?

❑

कभी-कभी अपने बारे में भी अच्छा महसूस कीजिए

एमेरिता चक्कोरू 72 साल की हैं। वे मध्य प्रदेश में इंदौर के नजदीक राऊ में एक मिशनरी संस्थान की मदर सुपीरियर हैं। सेंट नोर्बर्ट हायर सेकेंडरी स्कूल द्वारा संचालित इस संस्थान में यह पद प्रमुख के बराबर का है। इस संस्थान को प्रेजेंटेशन कॉन्वेंट फॉर्मेशन हाउसेस कहा जाता है। एमेरिता और उनकी बहन केरल के त्रिचूर की हैं। इन दोनों ने अपनी पूरी जिंदगी मिशनरी के कामों के लिए समर्पित कर दी। संस्थान में नियम है कि अगर किसी के माता-पिता बीमार हैं तो वे उन्हें देखने घर जा सकते हैं, लेकिन अगर उनकी मौत हो जाती है तो वे घर नहीं जा सकते। एमेरिता के साथ भी दुःखद घटना हुई। वे अपनी माँ को जिंदा नहीं देख सकीं। जब उनकी तबीयत खराब थी तो एमेरिता को टेलीग्राम भेजा गया। लेकिन वह एक दिन देर से उनके पास पहुँचा। जब तक एमेरिता अपने गाँव पहुँचीं, उनकी माँ की मौत हो चुकी थी। जैसे ही उन्हें यह पता चला, वे उलटे पैर वापस लौट आईं। जहाँ से वे लौटीं, वहाँ से उनका घर सिर्फ पाँच मकान दूर था। उनके भाई की भी दुबई में महज 44 साल की उम्र में मौत हो गई। वे अंतिम समय में उसे भी नहीं देख सकीं। हाँ, पिता को जरूर उनकी मौत से पहले आखिरी बार देखने का उन्हें मौका मिल गया।

अभी 26 जून को वे जेट एयरवेज की इंदौर से मुंबई जाने वाली उड़ान में 16ए नंबर की सीट पर बैठी थीं। उनका रिजर्वेशन कोयंबटूर तक का था। वे वहाँ

अपनी बहन को देखने जा रही थीं, जो कैंसर से पीड़ित हैं। एमेरिता के परिवार में उनकी बहन आखिरी सदस्य बची हैं, जिनसे उनका खून का रिश्ता है। उन्होंने उन तक पहुँचने के लिए आने-जाने का सबसे तेज साधन चुना। मैं भी इसी फ्लाइट में था। मेरी सीट 16सी थी और एमेरिता और मेरे बीच की 16बी सीट खाली थी। उन्होंने मुझे सीट बैल्ट बाँधे देखा और वे भी उसे खोजने लगीं। मैं जानता था कि कुछ सीनियर सिटीजंस के लिए सीट बैल्ट बाँधना मुश्किल प्रक्रिया होती है। इसलिए मैंने उनकी मदद कर दी। इसके लिए उन्होंने मुझे धन्यवाद दिया। वे खिड़की से बाहर देखने को काफी उत्सुक लग रही थीं। बोइंग 737 में 16ए सीट पर विंडो नहीं होती।

मैंने उनसे पूछा कि क्या वे पहली बार विमान यात्रा कर रही हैं? उन्होंने जवाब दिया, 'हाँ। हमारे पेशे में आरामतलब जिंदगी जीने की इजाजत नहीं होती। लेकिन इस वक्त मेरी स्थिति अलग है। इसलिए मुझे विमान से जाना पड़ रहा है।' मैंने एयरहोस्टेज मिस क्षिप्रा से आग्रह किया कि एमेरिता की सीट बदल दी जाए। मैंने उसे पूरी कहानी बताई और कहा, 'हर इनसान में एक बच्चा होता है। और इन 72 साल की बुजुर्ग महिला के भीतर का बच्चा खिड़की वाली सीट पर बैठने की जिद कर रहा है। अगर आप कुछ मदद कर सकें तो मैं आपकी सराहना करूँगा।' एयरहोस्टेस मान गई। एमेरिता को खिड़की वाली सीट पर बिठा दिया गया।

सीट बदलने के बाद हम सब देख रहे थे कि वे कितनी उत्सुकता से बाहर उड़ रहे बादलों को और विमान उतरते समय बिल्डिंगों को देख रही थीं। हमें खुशी हुई। जब वे विमान में चढ़ी थीं तो उन्होंने सीट बैल्ट बाँधने की कम-से-कम 10 बार कोशिश की। नाश्ता आया तो वे चाय के कप, खाने के पैकेट, छोटी सी पानी की बोतल और ट्रे को बड़े अचरज से देख रही थीं। सब कुछ उनके लिए नया था। वे कुछ नाश्ता अपने साथ आगे की यात्रा के लिए भी ले जाना चाहती थीं। मैंने उन्हें अपने हिस्से का नाश्ता देने की कोशिश की, लेकिन क्षिप्रा ने रोक दिया। उसने उन्हें दो पीस केक, दो बन्स, कुछ फूड पैकेट, जूस की बोतल अतिरिक्त दे दी। इस आत्मीयता भरे व्यवहार से 'मदर सुपीरियर' की आँखों में आँसू आ गए। अब समस्या यह थी कि खाने-पीने का यह सामान एमेरिता अपने साथ लेकर कैसे जाएँ। मुझे याद आया कि मेरे ब्रीफकेस में एक फोल्डिंग बैग है। वह मेरी बेटी का था और उसने घर से निकलते वक्त उसका खास खयाल रखने की हिदायत थी। लेकिन मैंने उस वक्त इसकी ज्यादा परवाह नहीं की। मैंने अपना ब्रीफकेस खोला और वह बैग निकालकर एमेरिता को दे दिया। वे बेहद खुश हो गईं। कहने लगीं,

'मैं जानती हूँ कि जब भी मुझे जरूरत होती है, ईश्वर मेरी मदद के लिए अच्छे लोगों को भेज देता है।'

मुंबई में उतरने पर मैं उनके साथ चैक इन काउंटर तक गया। काउंटर क्लर्क ने जब मुझे यह यकीन दिला दिया कि वह उन्हें उनकी अगली उड़ान की सीट में ठीक तरह से बिठा देगा तब मुझे तसल्ली हुई। जैसे ही मैं घर के भीतर घुसा तो छूटते ही मेरी बेटी ने पहला सवाल दागा, 'मेरा बैग कहाँ है?' मैंने बताया, 'मैंने उसको किसी को दे दिया।' वह चीख पड़ी, 'किसे?' मैंने कहा, 'मेरी माँ को।' इस वक्त एक बेटी मेरी आँखों में नमी देख चुकी थी। वह मेरे पास आई और गले से लिपट गई। कुछ नहीं कहा। मैं एक बार फिर अपने आप में काफी अच्छा महसूस कर रहा था।

फंडा यह है कि अपनी जिंदगी में कुछ-न-कुछ ऐसा करते रहना चाहिए, जो आपको नई ऊर्जा दे, जिससे आपको 'फील गुड' का अहसास हो। जिंदगी चलते रहने के लिए यह जरूरी है।

❑

इनसानियत हमेशा जीतती है

सन् 1979 की बात है। एस.पी.एस. पुरी दिल्ली के एक कॉलेज में पढ़ाई कर रहे थे। वे हर सप्ताह के अंत में देहरादून जाते थे, जहाँ वे बड़े हुए थे। रविवार की रात वाली बस पकड़कर सोमवार की सुबह दिल्ली लौटते। लेकिन वह सोमवार उनके लिए जिंदगी भर याद रखने वाला अनुभव लेकर आया। सुबह चार बजे उनकी बस दिल्ली पहुँची। हमेशा की तरह बस स्टेशन से वे मोटरसाइकिल से अपने घर के लिए रवाना हुए। लेकिन रास्ते में उन्हें झपकी आ गई। उनकी एक साइकिल सवार के साथ टक्कर हो गई। पुरी जमीन पर गिरे और उनका चेहरा किसी कठोर चीज से टकरा गया। बुरी तरह कुचल गया था चेहरा। इसी दौरान रास्ते से एक सिक्ख गुजर रहा था। उसने कानूनी दाँवपेंच की चिंता किए बगैर पुरी को उठाया और उन्हें ले जाकर एम्स हॉस्पिटल के दरवाजे पर रख आया; शायद पुलिस की प्रताड़ना से बचने के लिए। अस्तपाल में उस वक्त जो डॉक्टर ड्यूटी पर थे, उन्होंने भी पुरी की हालत देखकर समय नहीं गँवाया। उनका परीक्षण किया, लेकिन वे यह नहीं समझ पाए कि उनकी नब्ज चल रही है या नहीं। डॉक्टरों ने पुरी को मृत घोषित कर दिया। डिस्चार्ज स्लिप में लिखा गया कि उनकी मौत ब्रेन हैमरेज और ज्यादा खून बह जाने के कारण हुई। पुरी के शरीर को पोस्टमॉर्टम के लिए भेज दिया गया।

किस्मत से उस रोज पोस्टमॉर्टम वाली जगह पर भीड़ ज्यादा थी। इसलिए पुरी का तुरंत नंबर नहीं लगा। उनके शरीर को बाहर रख छोड़ा गया। उस वक्त सुबह के करीब 7.30 बज रहे थे। तभी नजदीक ही काम कर रहे सफाईकर्मी ने देखा कि

पुरी के पैरों में हरकत हुई है। उसने तुरंत इसकी सूचना अधिकारियों को दी। इस पूरी आपाधापी के बीच पुरी के परिवार तक यह सूचना पहुँच गई थी कि उनकी मौत हो गई है। लेकिन उनकी माँ को यकीन नहीं हो रहा था कि उनका बेटा इस तरह उन्हें छोड़कर जा सकता है। बहन का रो-रोकर बुरा हाल था। दिल्ली पहुँचने पर उन्हें यह राहत भरी सूचना मिली कि पुरी की मौत नहीं हुई है। वे गंभीर रूप से घायल हैं। इलाज के दौरान पुरी के चेहरे को पूरी तरह फिर से नया रूप देना पड़ा। प्लास्टिक सर्जरी हुई और उन्हें ठीक होने में 18 महीने लग गए।

इस घटना के तीन साल बाद 1983 में वे पायलट बन गए और इंडियन एयरलाइंस में नौकरी के लिए मुंबई चले गए। उनका चेहरा काफी हद तक ठीक हो चुका था, लेकिन डॉक्टर को दिखाने के लिए अब भी जाना पड़ता था। एक दिन वे चेहरे का एक्सरे डॉक्टर को दिखाने के लिए डबल डेकर बस से जा रहे थे। एक्सरे को उन्होंने अपनी शर्ट में फँसाया हुआ था। रास्ते में जुहू के नजदीक एक स्टॉप पर कुछ स्कूली बच्चे बस में चढ़ने के लिए दौड़ रहे थे। तभी एक बच्चा बस और ट्रक की चपेट में आ गया। उस बच्चे की हालत इतनी खराब थी कि उसे ठीक तरह से पहचानना भी मुश्किल था। बस साँसें चल रही थीं। कैप्टेन पुरी ने समय नहीं गँवाया। तुरंत बस से उतरे। बच्चे को अपनी बाँहों में उठाया और अस्पताल की तरफ दौड़ पड़े। बच्चे के खून से उनकी शर्ट और एक्सरे सब भीग गया था। कोई मदद को आगे नहीं आया सिवाय एक युवा मोटरसाइकिल वाले के। तभी एक टैक्सी ड्राइवर भी बच्चे को अस्पताल ले जाने के लिए राजी हो गया। संयोगवश वह भी सिक्ख था।

अस्पताल पहुँचे तो डॉक्टर बच्चे का इलाज करने के लिए राजी नहीं हुए। उनका कहना था कि यह पुलिस केस है। जब तक पुलिस नहीं आती इलाज शुरू नहीं हो सकता। पुरी चाहते थे कि बच्चे का तुरंत इलाज हो। उसकी जिंदगी बचाने के लिए एक-एक पल कीमती था। डॉक्टरों का रवैया देख पुरी लगभग अपना आपा खो बैठे। उन्होंने ड्यूटी पर मौजूद डॉक्टर का गला पकड़ लिया। उसे अपना आईकार्ड दिखाया और आदेश देने वाले लहजे में उससे बच्चे का इलाज करने को कहा। डॉक्टर ने हथियार डाल दिए। समय पर इलाज मिल जाने की वजह से उस बच्चे की जिंदगी बच गई। कैप्टेन पुरी अब काफी अच्छा महसूस कर रहे थे। वे समझ रहे थे कि दिल्ली में सड़क दुर्घटना के वक्त उनकी मदद करने वाले उस अनजान सिक्ख की वजह से ही उनमें इतनी हिम्मत आई है कि वे इस तरह का साहसिक काम कर सके और पायलट होने का उनका रुतबा भी आज काम आ

गया, जिसकी वजह से डॉक्टर उस बच्चे का इलाज करने को राजी हुए। बाद में पुलिस ने भी शायद इसी वजह से मामले की नजाकत को समझा।

इस घटना में भी इतिहास दोहराया गया। घायल बच्चे के माता-पिता को उसके दोस्त ने जाकर कह दिया कि सड़क दुर्घटना में उसकी मौत हो गई है। हालाँकि थोड़ी ही देर में उस युवा मोटरसाइकिल वाले ने उन तक सही सूचना पहुँचा दी, जिसने मौके पर पुरी के साथ बच्चे की मदद की थी। उसने बच्चे के स्कूल बैग से घर का पता हासिल किया था। वह तुरंत उसके घर पहुँचा और बताया कि बच्चे का अस्पताल में इलाज चल रहा है। इस दुर्घटना में घायल हुए बच्चे का नाम अंकित कामत है। वह आज 42 साल का हो चुका है। बड़ा होने पर वह पढ़ाई के लिए अमेरिका के बाल्टीमोर चला गया था। अब वहीं सैटल हो चुका है। लेकिन कैप्टेन पुरी को उस सिक्ख के बारे में आज तक पता नहीं चला, जिसने दिल्ली में उनकी जान बचाई थी। लेकिन उन्हें यकीन है कि उसे जब भी यह पता चलेगा कि उसके दिए हौसले की वजह से उनके जरिए एक बच्चे की जिंदगी बच सकी, तो उसे खुशी होगी।

फंडा यह है कि इनसानियत हमेशा जीतती है। कैप्टेन पुरी को यकीन है, जिस तरह उन्हें किसी अनजान सिक्ख से हौसला मिला, उसी तरह अंकित को भी उनसे प्रेरणा मिली होगी। वह भी वक्त आने पर किसी की मदद कर इस सिलसिले को आगे बढ़ाएगा।

❑

जब आप किसी अनजान की सहायता करते हैं तो वह सच्ची 'मदद' होती है

रेलवे बोर्ड, नई दिल्ली में आशुतोष गर्ग डिप्टी डायरेक्टर हैं। वे विकास पुरी में रहते हैं। जब भी उन्हें ऑफिस या शहर में किसी जगह जाना होता है तो वे उत्तम नगर ईस्ट स्टेशन से मेट्रो पकड़ते हैं। गर्ग 28 मई, 2013 को 3:30 बजे ट्रेन पर चढ़े। जब ट्रेन तिलक नगर स्टेशन पहुँची तो वहाँ उन्हें कोलकाता के सुजॉय मजूमदार मिले। उनके साथ छह लोग थे। दो बुजुर्ग व दो जवान महिलाएँ और दो बच्चे। उन्होंने गर्ग से पूछा कि ट्रेन आर.के. आश्रम मार्ग कितने बजे पहुँचेगी। उन्होंने बताया कि करीब 25 मिनट लगेंगे। यह सुनते ही उनके चेहरे पर चिंता झलक पड़ी। गर्ग ने वजह पूछी तो उन्होंने बताया कि उन्हें कोलकाता जानेवाली दिल्ली-सियालदाह राजधानी एक्सप्रेस पकड़नी है। यह दिल्ली स्टेशन से 4:30 बजे रवाना होती है। उनके साथ छोटे-बड़े आठ लगेज भी थे।

जिस तरह से मजूमदार बेचैन हो रहे थे, उसे देखकर गर्ग को महसूस हो गया कि उन्हें मदद की जरूरत है। उन्होंने तय कर लिया कि वे जितनी हो सकेगी मजूमदार की मदद करेंगे। पहले उन्होंने सोचा कि वे उन लोगों को ऑटोरिक्शा ढूँढ़ने में मदद करेंगे। वे आर.के. मार्ग आश्रम स्टेशन पर उन लोगों के साथ उतर भी गए। वहाँ पहुँचकर उन्होंने देखा कि कोई ऑटोरिक्शा है ही नहीं। फिर भी वे बैटरी से चलनेवाले रिक्शा ढूँढ़ लाए। उन्हें इस बीच महसूस हुआ कि अगर वे इस परिवार की आगे भी मदद नहीं करेंगे तो शायद उन लोगों की ट्रेन छूट जाएगी। उस वक्त शाम के 4:05 हो चुके थे। सिर्फ 25 मिनट बाकी थे। वे उनके साथ हो लिये। नई दिल्ली स्टेशन पर पहाड़गंज की तरफ वाले प्रवेश द्वार पर जाम लगा हुआ था। वहाँ कोई एक्सीडेंट हो गया था। गर्ग ने फुरती से एक कुली बुलाया। कुछ सामान उसे पकड़ाया। दो बैग उन्होंने और मजूमदार से ले लिये। तेजी से सभी प्लेटफॉर्म

नंबर-13 की तरफ लपके। यह अजमेरी गेट की तरफ था। ट्रेन वहीं से छूटनी थी। रास्ते में मजूमदार ने बताया कि प्लेटफॉर्म नंबर-16 वाले क्लॉक रूम में उनके छह सूटकेस और रखे हैं। सामान और मजूमदार परिवार के लोगों को प्लेटफॉर्म-13 पर छोड़कर वे दोनों प्लेटफॉर्म-16 की ओर दौड़े। जाते-जाते कुली से कह गए कि वह महिलाओं और बच्चों को ट्रेन में बिठा दे।

क्लॉक रूम पहुँचकर गर्ग ने देखा कि सूटकेस काफी भारी हैं। वे लोग उन्हें नहीं ले जा सकते। यहाँ तक कि कुली भी एक बार में दो ही सूटकेस लेकर जा सकता है। उन्होंने आस-पास देखा। वहाँ दो ही कुली थे। दोनों कुलियों ने जो भी मेहनताना बोला, उसके लिए उन्होंने 'हाँ' कर दी और साथ ले लिया। लेकिन दो सूटकेस अब भी बाकी थे। गर्ग ने क्लॉक रूम इंचार्ज को अपना आईकार्ड दिखाया। उसने उन्हें एक आदमी दे दिया। जब तक तीसरा कुली नहीं मिला, वह आदमी उनके दो सूटकेस लेकर साथ चला। इस पूरी भागमभाग के बीच घड़ी पर नजर गई तो देखा कि ट्रेन छूटने में सिर्फ पाँच मिनट बचे हैं। प्लेटफॉर्म पर पहुँचते-पहुँचते चार मिनट ही रह गए।

वहाँ पहुँचकर गर्ग ने मजूमदार से कहा कि पहले वे ट्रेन में चढ़ जाएँ। फिर कुलियों की मदद से उन्होंने सभी छह सूटकेस कोच में फेंक दिए। इसी बीच उनकी नजर पड़ी कि मजूमदार की बूढ़ी माँ प्लेटफॉर्म पर ही खड़ी हैं। कोच के गेट पर सूटकेस पड़े हुए थे। वे अंदर नहीं जा सकती थीं। मजूमदार भी नीचे नहीं आ सकते थे। इतने में गाड़ी चल पड़ी। गर्ग ने मजूमदार की माँ को सहारा दिया और उन्हें चलती ट्रेन में ही कोच के दूसरे दरवाजे से भीतर धकेल दिया। हालात ये थे कि पाँच सेकंड की भी देर होती तो मजूमदार परिवार की ट्रेन छूट जानी थी या फिर उनकी माँ प्लेटफॉर्म पर ही रह जातीं। इतने में ही चलती गाड़ी से मजूमदार की तेज आवाज गर्ग के कानों में पहुँची, 'थैंक यू।'

गर्ग के ऑफिस में मीटिंग थी। वे 20 मिनट पहले ऑफिस पहुँच गए। एक अनजान से मजूमदार परिवार की मदद करते हुए उनके पूरे 30 मिनट खर्च हुए थे। लेकिन उनके मन में संतोष था कि यह वक्त उनका बरबाद नहीं हुआ बल्कि बेशकीमती रहा था। अगर वे उस परिवार की मदद न करते तो उन्हें बड़ा नुकसान हो जाता। उनका समय, ऊर्जा और पैसा—सब बेकार चला जाता।

फंडा यह है कि अगर आप वाकई किसी की मदद करना चाहते हैं तो किसी अनजान व्यक्ति की सहायता कीजिए। ज्यादा नहीं तो एक संतोष आपको मिलेगा ही। 'मदद' शब्द के सही अर्थ का अनुभव आपको तभी होगा, जब किसी अनजान व्यक्ति की मदद करेंगे। मजूमदार ने खुद इस घटना के बारे में दैनिक भास्कर को बताया। साथ में यह जोड़ते हुए कि इस दुनिया में 'भगवान् हैं।'

❑

धारणाओं से बचना हमेशा मुश्किल होता है

इस सोमवार को चीन में डैनियल क्रेग की फिल्म 'स्कायफॉल' रिलीज हुई, जिसे देखने के बाद अनेक चीनी दर्शक अपने ही सेंसर बोर्ड से खफा हो गए। जब आपको पता चलेगा कि उनके सरकारी सेंसर बोर्ड ने क्या किया तो आप भी आश्चर्यचकित रह जाएँगे। उन्होंने फिल्म से तमाम चीनी लोकेशन के दृश्यों और संवादों को हटा दिया। मिसाल के तौर पर एक दृश्य में चीन के एक क्षेत्र मकाऊ को वेश्यावृत्ति के अड्डे के रूप में दरशाया गया है। इस दृश्य को फौरन हटा दिया। फिल्म में एक किरदार कहता है, मैं चीनी सुरक्षा एजेंट्स के हाथों यातना झेलने की बजाय पायरेटेड डीवीडी देखना ज्यादा पसंद करूँगा। यह संवाद फिल्मों के पायरेटेड वर्जन आने की बात करता है, जो चीन में आसानी से उपलब्ध हैं। लिहाजा इसे हटा दिया गया।

इसी तरह के कई अन्य दृश्यों को, जिनमें से कुछ शंघाई में फिल्माए गए थे, फिल्म से हटा दिया गया, क्योंकि सेंसर बोर्ड के मुताबिक वे 'चीन की गलत छवि पेश कर रहे थे'।

उन्होंने एक ऐसे दृश्य को भी हटा दिया, जिसमें एक हमलावर शंघाई की एक गगनचुंबी इमारत के सुरक्षा गार्ड को मार देता है, क्योंकि उन्हें लगता था कि उनके सुरक्षा गार्ड को इतनी आसानी से नहीं मारा जा सकता। यदि इन दृश्यों को 'स्कायफॉल' के विश्वव्यापी-प्रदर्शन से पहले हटाया जाता, तो बात समझ में भी आती। लेकिन

स्थानीय सेंसर बोर्ड ने ऐसा सिर्फ चीनी दर्शकों के लिए किया, जिन तक यह फिल्म वैश्विक रिलीज के दो महीने बाद पहुँच रही थी। इस सेंसरशिप से खफा चीनी लोगों ने सोशल मीडिया में खुलेआम यह कहना शुरू कर दिया कि वहाँ बहुत कम फिल्में इस तरह की काट-छाँट से बच पाती हैं। सुधीर मिश्रा की पिछले शुक्रवार को रिलीज हुई फिल्म 'इनकार' की कहानी वर्कप्लेस और खासकर विज्ञापन इंडस्ट्री में यौन शोषण के इर्द-गिर्द घूमती है, जो विज्ञापन इंडस्ट्री के लिए कतई एक अच्छा विज्ञापन नहीं है।

फिल्म में माया लूथरा (जिसका किरदार चित्रांगदा सिंह ने निभाया है) एक विज्ञापन एजेंसी की नेशनल क्रिएटिव डायरेक्टर है, जो अपने सीईओ राहुल वर्मा (अर्जुन रामपाल) पर यौन शोषण का आरोप लगाती है।

इसके बारे में पूरी एडवरटाइजिंग बिरादरी का यही कहना है कि यह इंडस्ट्री लैंगिक समानता की इंडस्ट्री है, उत्पीड़न की नहीं। तमाम एडवरटाइजिंग प्रोफेशनल्स ने एक सुर में यही कहा कि फिल्म में एडवरटाइजिंग बिरादरी के बारे में जानकारी और समझ का नितांत अभाव है और संभवतः यही कारण है कि यौन उत्पीड़न को दरशाने के लिए वर्कप्लेस के तौर पर एक एडवरटाइजिंग एजेंसी को चुना गया।

फिल्मकार के नजरिए से देखें तो कार्यस्थल पर लोगों के बीच आपसी प्रेम संबंधों से लेकर यौन उत्पीड़न जैसे मामलों से दर्शक आसानी से जुड़ जाते हैं, क्योंकि ऐसा तो तकरीबन हर जगह होता है। यह सिर्फ भारत जैसे किसी एक देश या एडवरटाइजिंग एजेंसी जैसे किसी एक कार्यस्थल तक सीमित नहीं है। कार्यस्थल पर अगर शक्ति-असंतुलन है तो इससे यौन उत्पीड़न को हवा मिल सकती है। लेकिन यदि इंडस्ट्री में समानता पर जोर दिया जाता है (जैसाकि ऐंड इंडस्ट्री दावा करती है) तो उत्पीड़न की आशंका न के बराबर रह जाती है। लेकिन एक कहानी का ताना-बाना बुनने के लिए आपको एक कार्यस्थल चुनना होता है, जो तड़क-भड़क और दिखावे से भरपूर हो; और जाहिर तौर पर एडवरटाइजिंग इंडस्ट्री में बहुत अधिक तड़क-भड़क होती है। इसी तरह यदि किसी फिल्म के स्टोरी प्लॉट के लिए आपको कोई ऐसा देश चुनना पड़े, जहाँ पर खूब पायरेटेड डीवीडी बिकती हों, तो किसी के भी जेहन में चीन का ही नाम पहले आएगा। हालाँकि कई और भी ऐसे देश हैं, जहाँ पायरेडेट डीवीडी का यह धंधा खूब होता है। आज चीन इकलौता देश नहीं है, जहाँ पायरेटेड उत्पाद बनाए जाते हैं। वास्तव में यह देश दुनिया की बड़ी-बड़ी कंपनियों के लिए कहीं बेहतर क्वालिटी की कम्युनिकेशन व फार्मा मशीनें बनाता है। इसी तरह यौन उत्पीड़न को सिर्फ एडवरटाइजिंग इंडस्ट्री से

जोड़कर नहीं देखा जा सकता, क्योंकि देश में हर जगह (यहाँ तक कि स्कूल में भी) इस तरह की घटनाएँ होती हैं। मगर क्या करें, धारणा तो धारणा है।

फंडा यह है कि धारणाओं से बचाव करना मुश्किल है, क्योंकि ये समय की एक प्रक्रिया से गुजरकर तैयार होती हैं। उन्हें एक झटके में अपने जेहन से हटाना आसान नहीं होता; और खासकर विरोध जताते हुए तो कतई नहीं।

❑

रिश्ते की बुनियाद पर टिका होता है परिवार

स्मिता की ईश्वर पर गहरी आस्था है। जब उसे पता चला कि उसके 12 वर्षीय बेटे को ब्लड कैंसर है, तो उसने अपने मध्यमवर्गीय घर की तमाम दीवारों को विभिन्न देवी-देवताओं के चित्रों से पाट दिया। उसका ईश्वर से यही सवाल होता, 'आखिर छोटे-छोटे बच्चों को कैंसर जैसी घातक बीमारी क्यों होती है? आप अब उनका खयाल नहीं रखते। देखिए कि मेरा बेटा कितनी तकलीफ में है। हम पर कृपा करें, और मैं जानती हूँ कि आप ऐसा जरूर करेंगे।' इसी तरह उसकी रोजाना की प्रार्थना का अंत होता।

24 दिसंबर, 2011 का दिन उसके लिए बेहद अहम था। उसके बेटे को उस दिन एक बड़ी सर्जरी के लिए ऑपरेशन थिएटर में ले जाया गया था, क्योंकि कीमोथैरेपी और रेडियोथैरेपी कारगर नहीं रही थी। तीन घंटे तक उसके बेटे का ऑपरेशन चला। इस दौरान पूरे समय स्मिता अपनी आँखें बंद कर ईश्वर से प्रार्थना करती रही। जब ऑपरेशन थिएटर की घंटी बजी और लाल बत्ती बुझी, तो स्वतः उसकी आँख खुल गई और उसने सबसे पहले डॉक्टर को ऑपरेशन थिएटर से बाहर आते देखा। वह झटके से अपनी सीट से उठी और चिंतित स्वर में डॉक्टर से पूछने लगी, 'मेरा नन्हा सा बच्चा कैसा है? वह ठीक तो हो जाएगा न? मैं उसे कब देख सकती हूँ?' सर्जन ने दुःखी स्वर में उसे सांत्वना देते हुए कहा, 'मुझे खेद है। हमने अपनी ओर से पूरी कोशिश की, लेकिन हम आपके बेटे को नहीं बचा सके।'

यह सुनकर मानो उसपर वज्रपात हुआ और वह मुंबई के टाटा मेमोरियल हॉस्पिटल में उस ऑपरेशन थिएटर के बाहर बेहोश होकर गिर पड़ी। उसके परिजनों व पास खड़े लोगों ने उसे सँभाला। थोड़ी देर में होश में आने के बाद उसने अपनी प्रार्थना दोहराना शुरू कर दी—'आखिर नन्हे बच्चों को कैंसर क्यों होता है? आप उस वक्त कहाँ थे भगवान्, जब मेरे बेटे को आपकी जरूरत थी?'

सर्जन उसके संयत होने तक थोड़ी देर वहीं खड़े रहे और फिर उससे पूछा, 'क्या आप कुछ वक्त अपने बेटे के साथ अकेले रहना चाहती हैं?' उसके सहमति जताने पर एक नर्स उसे उसके बेटे के पास अंदर ले गई।

उसने अपने बेटे को अलविदा कहते वक्त नर्स से भी अपने साथ रहने के लिए कहा। वह अपने बेटे के घने घुँघराले बालों में प्यार से उँगलियाँ फिराने लगी, जो कीमोथैरेपी के बावजूद तेजी से बढ़े थे।

'क्या आप उसके बालों की एक लट अपने पास रखना चाहेंगी?' नर्स ने कैंची उठाते हुए उससे पूछा। स्मिता के मना करने पर नर्स ने कैंची वापस दराज में रख दी। स्मिता तकरीबन पाँच मिनट तक अपने बेटे के सिर व कंधों को प्यार से सहलाती रही। इस दौरान वहाँ पूरी तरह सन्नाटा छाया रहा।

इसके बाद स्मिता उस अस्पताल से बाहर निकल आई, जहाँ उसने पिछले तीन महीनों के दौरान ज्यादातर वक्त बिताया था।

स्मिता को जब अपने बेटे की इस घातक बीमारी के बारे में पता चला, उस वक्त वह तीन महीने से गर्भवती थी। और महज एक हफ्ता पहले, वह यह जानकर दहल गई कि उसका बेटा उससे पहले से जानता था कि वह इस दुनिया में ज्यादा दिन नहीं रहेगा। अस्पताल में पुनः भरती होने से दो रात पहले स्मिता के बेटे ने उससे कहा, ''मॉम, यदि आप मेरे भाई को जन्म देती हैं तो उसे मेरा कमरा और मेरे खिलौने दे दीजिएगा। मुझे यह अच्छा लगेगा। और यदि मेरी नन्ही बहन होती है तो उसे संभवतः लड़कों के खेलने वाली ये सब चीजें पसंद नहीं आएँगी। आपको उसके लिए डॉल्स समेत लड़कियों वाली चीजें ही खरीदनी पड़ेंगी। मेरे बारे में सोचकर दुःखी मत होइएगा।''

उसके निधन को पंद्रह दिन गुजर गए। एक दिन स्मिता उसके कमरे में गई और उसकी मॉडल कारों व अन्य चीजों को उठाकर ठीक उन्हीं जगहों पर रखने लगी, जहाँ वह इन्हें हमेशा रखता था। इसके बाद स्मिता उसके बिस्तर के निकट बैठ गई और उसके तकिए को सीने से चिपकाते हुए आँसू बहाने लगी। थोड़ी देर बाद उसने अपने बेटे की डायरी उठाई, जिसे वह हमेशा अपने साथ

अस्पताल ले जाता था। उस डायरी में उसने अपनी सर्जरी से एक दिन पहले ऐसा कुछ लिखा था—

प्रिय मम्मी,

मैं जानता हूँ कि आप मुझे मिस करेंगी। मगर सिर्फ इस वजह से कि मैं आपके आस-पास 'आई लव यू' कहने के लिए नहीं हूँ, यह मत सोचिए मैं आपको कभी भूल जाऊँगा या आपसे प्यार करना बंद कर दूँगा। संभवतः जब मैं दादा-दादी के पास पहुँचूँगा, तो कैंसर जा चुका होगा। फिर यह और नहीं सताएगा। क्या आप इस बात से खुश नहीं हैं कि मुझे अपनी इस जबरदस्त पीड़ा से मुक्ति मिल जाएगी? मेरी खातिर मॉम, हमेशा मुसकराते रहिए। मेरे नन्हे भाई या बहन को आपके दुलार और मुसकान की जरूरत है।

निखिल

इसके पढ़ने के बाद स्मिता आखिरी बार फूट-फूटकर रोई।

फंडा यह है कि रिलेशनशिप चाहे लंबी या छोटी हो, उसकी मजबूती किसी भी खुशहाल परिवार की नींव होती है।

❑

कुछ ख्वाब अलग ढंग से होते हैं साकार

तेईस वर्षीय अनुज बिदवे 20 सितंबर, 2011 को माइक्रोइलेक्ट्रॉनिक्स में पोस्ट-ग्रेजुएशन करने ब्रिटेन पहुँचा। पुणे यूनिवर्सिटी से इंजीनियरिंग में ग्रेजुएट अनुज को उत्तर-पश्चिमी इंग्लैंड की प्रतिष्ठित यूनिवर्सिटी में दाखिला मिला था। उसके पिता सुभाष और माँ योगिनी ने इस सपने को साकार करने के लिए बड़ी कुरबानियाँ दी थीं। वे चाहते थे कि अनुज प्रतिष्ठित डिग्री हासिल कर अपना व परिवार का नाम रोशन करे। यही कारण है कि जब अनुज आगे की पढ़ाई के लिए ब्रिटेन रवाना हुआ, तो वे अपने-आपको काफी खुशकिस्मत समझ रहे थे।

लेकिन होनी को कुछ और मंजूर था। 26 दिसंबर, 2011 को अनुज अपने कुछ भारतीय दोस्तों के साथ मैनचेस्टर क्रिसमस सेल में खरीददारी करने पहुँचा। अनुज और उसके दोस्त लाइन में लगे थे कि वहाँ 21 वर्षीय स्थानीय युवक कियारन स्टेपलीटन पहुँचा। कियारन बार-बार उनसे समय पूछ रहा था। जैसे ही अनुज के एक दोस्त ने जवाब दिया, उसने हैंडगन से अनुज के सिर में गोली मार दी। अनुज की मौके पर ही मौत हो गई। इसके बाद कियारन भाग निकला। 27 दिसंबर, 2011 को उसने एक होटल में शरण ली। वहाँ उसने अपने दोस्तों को बुलाया और गर्व के साथ अपने कृत्य को बताने लगा। कियारन ने अपनी दाईं आँख के नीचे एक टैटू गुदवाया था। यह टैटू वह लोग गुदवाते थे, जो किसी की हत्या कर चुके होते थे। बाद में यही टैटू 30 दिसंबर को स्टेपलीटन की गिरफ्तारी का कारण

बना। गिरफ्तारी के बाद उसने अदालत में स्वयं को विक्षिप्त शख्स के तौर पर प्रस्तुत किया। इस बीच 4 जनवरी को अनुज का शव उसके अभिभावकों के सुपुर्द कर दिया गया। अगले ही दिन ब्रिटिश सरकार ने मामले की त्वरित और गहराई से जाँच करने का आश्वासन उन्हें दिया। ब्रिटिश प्रधानमंत्री डेविड कैमरून ने भी अनुज के माता–पिता से फोन पर बात करते हुए न्याय का भरोसा दिलाया।

25 जून, 2012 को अदालत में मामले की सुनवाई शुरू हुई, जो 10 जुलाई तक चली। अनुज के माता–पिता हर रोज अदालत में हाजिर होते। अदालती कार्यवाही में पता चला कि कियारन ने अनुज को सिर्फ इसलिए गोली मारी, क्योंकि उसका सिर बड़ा था। अंततः 26 जुलाई, 2012 को कियारन को आजीवन कारावास की सजा सुनाई गई और उसे 30 सालों के लिए जेल भेज दिया गया। अनुज की हत्या के बाद उसके अभिभावकों से जो भी मिला, उसने गहरा दुःख व्यक्त किया। इनमें कियारन का वकील भी शामिल था।

कियारन को सजा होने के बाद अनुज के अभिभावक लैंकस्टर यूनिवर्सिटी भी गए। यूनिवर्सिटी प्रबंधन को अब तक जानकारी हो चुकी थी कि उन्होंने अनुज की उच्च शिक्षा के लिए किस कदर कुरबानियाँ दी थीं। इसके आलोक में यूनिवर्सिटी ने अनुज के नाम पर एक स्कॉलरशिप शुरू करने की घोषणा की। इसके तहत पहले छात्र का चयन पुणे की उसी इंजीनियरिंग यूनिवर्सिटी से किया जाएगा, जहाँ से अनुज ने ग्रेजुएशन किया था। अनुज के माता–पिता एक अगस्त को वापस लौट आए। अब उनकी आँखों में एक और सपना पल रहा है। यह सपना है उन ढेरों अनुजों की पढ़ाई का, जिन्हें स्कॉलरशिप की मदद से ब्रिटेन में पढ़ने का मौका मिलेगा।

फंडा यह है कि दुर्भाग्य से कभी–कभी मौत के बाद ही ख्वाब पूरे होते हैं। हम इस तरह की क्षतिपूर्ति की भरपाई किसी कीमत पर नहीं कर सकते, लेकिन उससे जुड़ी यादों को जरूर सहेज सकते हैं। उसके नाम पर कुछ अच्छा जरूर कर सकते हैं।

❑

समझें भावनाओं से जुड़े संकेतों को

यह कहानी एक सैनिक की है। वियतनाम युद्ध में भाग लेने के बाद घर लौटने से पहले वह सेन फ्रांसिस्को में रहनेवाले अपने अभिभावकों को फोन करता है और कहता है, ''मॉम...डैड...अंततः मैं घर आ रहा हूँ, लेकिन मैं आपसे एक फेवर चाहता हूँ।'' फोन पर अभिभावक छूटते ही कहते हैं, ''बोलो बेटा।'' इस पर वह कहता है, ''युद्ध में मेरे एक दोस्त का बारूदी सुरंग पर गलती से पैर पड़ गया। उस धमाके में उसका एक हाथ और एक पैर उड़ गया।'' यह सुनने के बाद पिता ने बेटे से कहा, ''यह जानकर हमें बहुत दुःख पहुँचा।''

''हमारी कोशिश होगी कि उसे किसी ऐसी जगह बसाया जा सके, जहाँ उसकी बाकी जिंदगी आराम के साथ और खुशी-खुशी गुजरे।'' माँ ने भी फोन पर कहा, ''मैं रविवार को ही चर्च में उसके लिए एक विशेष प्रार्थना सभा रखवाऊँगी।''

माता-पिता की बात सुनने के बाद सैनिक बेटा दूसरी तरफ से फोन पर बोला, ''नहीं, मैं चाहता हूँ कि मेरा दोस्त हमारे साथ ही रहे।'' अपने बेटे की जिद को भाँप डैड बोले, ''बेटा हाथ-पैर से लाचार शख्स हम पर एक बोझ साबित होगा। दूसरे हमारी उम्र भी हो रही है, हमें भी घर पर देखभाल करनेवाले किसी शख्स की जरूरत है। हम नहीं चाहते कि तुम्हारा अपंग दोस्त हमारी जिंदगी में हस्तक्षेप करे और हमारे लिए भी मुश्किल बने। तुम अपने दोस्त को भूल जाओ और तुरंत घर लौट आओ। वह अपनी जिंदगी जीने का कोई-न-कोई रास्ता ढूँढ़ ही लेगा।''

यह सुनते ही बेटा दूसरी तरफ से फोन काट देता है। कुछ देर तक तो अभिभावक फोन कान से लगाए खड़े रहते हैं कि शायद अब बेटा कुछ बोलेगा,

लेकिन रिसीवर पर शांति छाई रहती है। कुछ दिन बेटे के इंतजार में ही बीत जाते हैं। ऐसे में एक दिन सुबह सेन फ्रांसिस्को पुलिस उनके घर पहुँचती है और सूचना देती है कि एक युवक की ऊँची इमारत की छत से गिरने से मौत हो गई है। पुलिस आशंका जाहिर करती है कि उन्हें लगता है कि वह उनका सैनिक बेटा है, जिसने आत्महत्या की है।

यह सुनकर अभिभावक सदमे में आ जाते हैं। वे भागते-दौड़ते पुलिस स्टेशन पहुँचते हैं। उन्हें शव को पहचानने के लिए मुर्दाघर ले जाया जाता है। वहाँ वे चेहरे के आधार पर अपने सैनिक बेटे की शिनाख्त तो कर लेते हैं, लेकिन उसके शरीर को नहीं पहचान पाते। कारण फोन पर बेटा जिस अपंग दोस्त की बात कर रहा था, वह वास्तव में अपने बारे में ही बता रहा था। उसने ही युद्ध में अपने एक हाथ और पैर को गँवाया था।

अब जरा सैनिक और उसके माता-पिता के बीच फोन पर हुई बातचीत पर गौर करें। उसने संकेत दिए थे कि उसके साथ क्या हादसा पेश आया है। इसी तरह हमारे बच्चे, सहयोगी और अन्य लोग अपनी भावनाओं को संकेतों से भी व्यक्त करते हैं। वे अपने भविष्य की योजनाओं से अवगत कराते हैं।

संस्थान में चल रहे घटनाक्रम को जाहिर करते हैं, लेकिन सीनियर मैनेजर उसे समझ नहीं पाते और समय रहते कोई सुधार नहीं ला पाते। यही वजह है कि कर्मचारी संस्थान को अलविदा कहने का निर्णय कर लेता है, तो बच्चे आत्महत्या जैसा कदम उठा लेते हैं या अपने अभिभावकों का घर चुपचाप छोड़ने में ही भलाई समझते हैं।

फंडा यह है कि ज्यादातर संस्थानों में कर्मचारियों का संस्थाओं से मोहभंग संस्थान के कारण नहीं बल्कि संस्थान में मौजूद किसी एक व्यक्ति के कारण ही मोहभंग होता है।

❑

क्या आप अपनी सोच को अमलीजामा पहनाते हैं?

वर्ष 1992 की गरमी की छुट्टियों के दौरान मैं इंग्लैंड में था और एक दिन लंदन ट्रांसपोर्ट की बस से सफर कर रहा था। बस में ज्यादा भीड़ तो नहीं थी, लेकिन सवारियाँ अच्छी तादाद में थीं। इन सवारियों में एक महिला भी थी जो देख नहीं सकती थी। बस के ड्राइवर ने उस जगह गाड़ी रोकी जहाँ उस महिला को उतरना था और मुझसे आग्रह किया कि मैं उसे लाइब्रेरी तक छोड़ आऊँ। ड्राइवर ने यह भी कहा कि वह मेरे लौटने की प्रतीक्षा करेगा।

मुझे ड्राइवर का यह रवैया इतना अच्छा लगा कि मैं तत्काल ही महिला की मदद करने को तैयार हो गया। दो व्यस्त सड़कों को पार करते हुए मैं उसे लाइब्रेरी तक छोड़कर आया। जब मैं सड़क पार कर रहा था तो अचानक ही मेरी आँखें पीछे की ओर घूम गईं, यह देखने के लिए कि कहीं बस का ड्राइवर मुझे छोड़कर चला तो नहीं गया। भारत में ऐसा अकसर होता है, लेकिन वहाँ ड्राइवर ने मुझे हाथों के इशारे से बताया कि वह प्रतीक्षा कर रहा है।

जब मैं लौटकर बस में आया तो सारी सवारियाँ मुसकरा रही थीं और कोई यह शिकायत नहीं कर रहा था कि उसे अपने काम में देर हो रही है। वे ड्राइवर के साथ-साथ मेरी भी प्रशंसा कर रहे थे। मैं दावे के साथ कह सकता हूँ, उस बस के हर यात्री के लिए वह दिन अच्छा बीता होगा, लेकिन मैं जिससे भी मिला, इस वाकये की चर्चा किए बिना नहीं रह सका। अनजानी जगह पर यह एक अलग तरह

का अनुभव था। अपने देश में हम ऐसे काम अकसर करते हैं, लेकिन विदेश में ऐसे किसी काम के लिए थोड़ी देर के लिए ही सही, लोगों की प्रशंसा का पात्र बनना मेरे लिए खुशनुमा अहसास था।

पिछले महीने मैं कॉरपोरेट सोशल रिस्पॉन्सिबिलिटी की परीक्षा में शामिल हुआ। इसके प्रोफेशनल एथिक्स विषय की परीक्षा में यह प्रश्न पूछा गया था—

नीचे लिखे पैराग्राफ को पढ़ें और फिर प्रश्नों के जवाब दें—

एक दिन शाम को मैं बस से अपने घर लौट रहा था तो मैंने देखा कि कंडक्टर बस के अंदर और खिड़कियों में लगे शीशों की सफाई कर रहा था। वह बड़ी सावधानी से बस के अंदर लगे ट्यूब लाइट पर लगी धूल को हटा रहा था। मुझे यह देखकर काफी अच्छा लगा और मैंने मुसकराते हुए उससे कहा, ''आप बस में सफाई का इतना ध्यान रखते हैं, यह अच्छी बात है।'' इसके जवाब में उसने कहा, ''मैं ध्यान रखता हूँ। यह केवल बस ही नहीं है, बल्कि कुछ देर के लिए यह मेरा और यात्रियों का घर भी होता है। इसलिए जब कभी भीड़ कम होती है, मैं इसकी सफाई करता हूँ। इस छोटे से काम के लिए बस मुझे एक पुराने कपड़े की जरूरत होती है और अपने शरीर को थोड़ा हिलाना-डुलाना होता है। वैसे भी, इसी जगह से मैं अपने और अपने परिवार के लिए रोटी कमाता हूँ।'' उसकी बातें सुनकर मेरे आश्चर्य का ठिकाना नहीं रहा। मुझे महसूस हुआ कि सिद्धांतों पर जीना इसी को कहते हैं। मैं उसकी सोच और उसके काम के लिए उसको धन्यवाद दिए बिना नहीं रह सका।

प्रश्न—

1. कंडक्टर के ऐसे कौन से गुण थे जिससे काम के प्रति उसकी प्रतिबद्धता का पता चलता है? आप ऐसा क्यों सोचते हैं?

2. लेखक ऐसा क्यों कहता है कि मुझे महसूस हुआ कि सिद्धांतों पर जीना इसी को कहते हैं। क्या आप इससे सहमत हैं? हाँ तो क्यों?

इसका जवाब था—

1. अपनी ओर से थोड़ा ज्यादा काम करना और यात्रियों के साथ कंपनी की ब्रांड इमेज का भी ध्यान रखना। वह यह सुनिश्चित तो करता ही है कि यात्री साफ बस में बैठें, साथ ही उस कंपनी का भी ध्यान रखता है, जो हर महीने उसके घर के खर्चों का ध्यान रखती है। इसका मतलब है कि कंडक्टर अपनी अच्छी सोच को कार्यरूप में बदलता है।

2. कंडक्टर यह दावा नहीं कर रहा था कि वह कंपनी की भलाई कर रहा है।

ऐसी सोच अकसर दिमाग में होती है, लेकिन ऐसा सोचना ठीक नहीं है। उसके कुछ सिद्धांत थे और वह अपनी कंपनी के लिए इन सिद्धांतों को कार्यरूप में बदल रहा था। इसे ही सिद्धांतों पर आधारित जीवन कहते हैं।

फंडा यह है कि जब तक अच्छी सोच को कार्यरूप में नहीं बदला जाए, आप अच्छे कर्मचारी होने का दावा नहीं कर सकते। इंक्रीमेंट के इस समय में इस गुण का होना जरूरी है।

❑

लक्ष्य को सामने रखकर करें परोपकार

लखनऊ की 20 साल की दीक्षा जेटली बेंगलुरु के महात्मा गांधी रोड से होते हुए सीएमआर लॉ स्कूल जा रही थी, जहाँ वह एल-एल.बी. चतुर्थ वर्ष की छात्रा है। दीक्षा के साथ उनका 21 वर्षीय मित्र वरुण प्रिंस भी था। हलके सूती कपड़े और आरामदेह जूते पहने होने के बावजूद उन दोनों के लिए चलना मुश्किल हो रहा था।

दोपहर के समय बेंगलुरु की भीड़भाड़ वाली जगहों पर चलना वैसे भी मुश्किल होता है और उस समय तो मौसम भी बदतर होता जा रहा था। तभी उन्होंने देखा कि एक पाँच साल का बच्चा फुटपाथ पर लगे पत्थरों पर उछलते हुए चला जा रहा था, जबकि उसके पैरों में जूते भी नहीं थे। उसके चेहरे पर परेशानी का कोई लक्षण नहीं था, लेकिन उस नंगे पाँव बच्चे को देखकर दीक्षा और उनके दोस्त का दिल भर आया। उन्होंने बच्चे के पीछे चलना शुरू कर दिया। ठीक दस मिनट बाद वे लीलागंजपुरम स्थित सरकारी स्कूल में पहुँच गए और वहाँ उन्होंने जो देखा, उसके बाद उनके लिए कुछ बोलना मुश्किल हो रहा था। इस स्कूल में किसी भी बच्चे के पास जूते नहीं थे। वे दोनों अपने कॉलेज लौट आए, लेकिन वह दृश्य उनकी आँखों से ओझल नहीं हो रहा था। उन्होंने पहले किसी गैर-सरकारी संगठन से संपर्क करने का सोचा, लेकिन फिर खुद ही कुछ करने का फैसला किया। काफी सोच-विचार के बाद उन्होंने वन अपॉरच्युनिटी नामक एक ग्रुप बनाया और लोगों से मदद की अपील की।

वे दोबारा स्कूल भी गए और हेडमास्टर से मिलकर बच्चों की मदद करने की इच्छा जताई। हेडमास्टर ने उन्हें बताया कि सामाजिक समूहों से मिलने वाले चंदे से छात्रों को किताब-कापियाँ उपलब्ध कराई जाती हैं, लेकिन जूतों के मामले में बड़ी समस्या है। बाकी चीजें सभी बच्चों के लिए एक जैसी होती हैं, लेकिन जूते अलग-अलग साइज के आते हैं। इसलिए कोई इस मामले में मदद के लिए आगे नहीं आता।

अगले दिन वे दोनों अपने साथ मापने की टेप लेकर फिर से स्कूल आए और सभी 313 बच्चों के पैरों का नाप लेना शुरू किया। उन्हें यह देखकर बेहद दुःख हुआ कि अधिकतर बच्चों के पैर फटे हुए थे। ऐसा इसलिए क्योंकि वे हर मौसम में नंगे पाँव चलने को मजबूर थे। बच्चों ने उन्हें बताया कि स्कूल से वापस लौटते समय दोपहर बाद फुटपाथ इतना गरम होता है कि उनके लिए चलना मुश्किल हो जाता है।

उनका अगला लक्ष्य प्रायोजकों की तलाश करना था। इसके लिए उन्होंने सोशल मीडिया की मदद लेने की सोची। उन्होंने फेसबुक पर वन अपॉरच्युनिटी नाम का एक पेज शुरू किया। इस पर उनका पहला पोस्ट कुछ ऐसा था—टारगेट—313 शूज, सहयोग या दान। उन्होंने लोगों से मदद की अपील की। वन अपॉरच्युनिटी का पहला मकसद एक स्थानीय सरकारी स्कूल की मदद करना था जिसके बच्चों के पास पहनने को जूते नहीं थे।

उन्होंने वेबसाइट पर मदद की अपील करते हुए लिखा कि लोग नकद राशि या जूते खरीदकर दे सकते हैं और उनके सहयोग के लिए आभार भी जताया। साथ में यह भी बताया कि एक जोड़ी जूते की कीमत 150 रुपए के करीब होगी। किसी से सहयोग मिलने पर वे वेबसाइट के जरिए लोगों को इस बारे में बताते और संभव हो तो उसकी तसवीर भी पोस्ट करते। शुरुआत में कई लोगों ने पुराने जूते भेजे, लेकिन जब उन्हें मेल के जरिए इसके लक्ष्य के बारे में बताया गया तब उन्होंने नए जूते भेजने शुरू किए। कुल मिलाकर उन्हें लोगों ने 122 जोड़ी जूते भेजे। फेसबुक पर अपने दोस्तों की मदद से वे 18 हजार रुपए जुटाने में भी सफल रहे।

इस बीच बच्चों ने अपने प्रायोजकों का आभार जताने के लिए एक ड्रॉइंग प्रतियोगिता आयोजित की और इसमें जो सबसे बेहतरीन प्रविष्टियाँ आईं, उन्हें दान करने वालों को भेजा गया। बच्चों का यह तरीका कॉलेज के छात्रों के लिए प्रेरणा बन गया और अब वे इस तरह के और काम करने को तैयार हैं। बच्चों के पैरेंट्स ने उन्हें रोज स्कूल भेजने का वादा किया। वहीं बच्चों ने अपनी मदद करनेवालों को

संदेश भेजकर आभार जताया कि उनके दिए जूतों से उन्हें पढ़ने में मदद मिलेगी और वे अच्छी तरह से पढ़ाई कर उनका गौरव बढ़ाएँगे।

फंडा यह है कि कई बार परोपकार भी रचनात्मक तरीके से किया जा सकता है। बेवजह के खर्चों से बचते हुए निरुद्देश्य दान देने के बजाय किसी लक्ष्य को सामने रखकर परोपकार करना चाहिए।

❑

परोपकार ऐसा हो जिसका असर लंबे समय तक बना रहे

18 साल पहले मुंशीलाल की उम्र केवल 32 वर्ष थी और वह एक लॉण्ड्री में इस्तरी करने के साथ डिलीवरी ब्वॉय के रूप में काम करता था। एक दिन जब उसे छुट्टी मिली तो वह अपने सपनों के शहर मुंबई घूमने निकला, लेकिन मुलुंड में एक ट्रेन दुर्घटना में उसके दोनों पैर और एक हाथ कट गए। इसके बाद उसकी जिंदगी की रफ्तार थम गई। लॉण्ड्री का मालिक एक दिन उसे देखने आया, लेकिन फिर किसी ने उसकी ओर झाँका तक नहीं।

रंजना उस समय केवल 20 साल की थी जब एक रात उसका ऑटो ड्राइवर पति शराब पीकर आया और अपने माता-पिता के साथ मिलकर उसके ऊपर डीजल उँड़ेलकर उसे आग लगा दी। वे भी केवल इसलिए कि रंजना उनकी माँग के अनुरूप दहेज के एक लाख रुपए लाने को राजी नहीं हुई। उसका शरीर पचास फीसदी जल गया था। घटना के बाद उसके पति और ससुराल वालों को जेल हो गई और रंजना की जिंदगी में कुछ नहीं बचा। उसके शरीर पर जले के निशान इतने गंभीर थे कि कोई उसकी ओर देख नहीं सकता था।

अपनी किस्मत को कोसते हुए मुंशीलाल और रंजना इलाज के लिए नियमित रूप से नगर निगम के अस्पताल आते। एक दिन ऐसा हुआ कि दोनों एक ही डॉक्टर के पास पहुँचे और बाहर बैठे अपनी बारी की प्रतीक्षा कर रहे थे। रंजना को देखकर मुंशीलाल ने सहानुभूतिपूर्वक उसके जलने से लगे दागों के बारे में पूछा। रंजना ने गौर किया कि मुंशीलाल के दोनों हाथ और एक पैर नहीं हैं, फिर भी वह एक

अनजान महिला की हालत देखकर दु:खी हो रहा था। दोनों के बीच बातचीत होने लगी और आज अठारह साल से दोनों एक साथ हैं। विलियम शेक्सपीयर ने ए मिडसमर नाइट्स ड्रीम में लिखा है—उसका प्यारा चेहरा आँखों में गुम नहीं हुआ, बल्कि यह गलती दिमाग की थी।

कुछ दिन पहले तक आप 50 वर्षीय मुंशीलाल और 38 साल की रंजना को मुलुंड स्टेशन के आस-पास सड़कों पर कभी भी भीख माँगते हुए देख सकते थे। वे अपनी तीन बेटियों के साथ कुछ छोटे मोटे काम कर किसी तरह गुजर बसर करते थे। रोज के इस संघर्ष में कई बार ऐसा होता था कि उनके पास रोटी खाने के लिए भी पैसे नहीं होते थे और उन्हें भूखे सोना पड़ता था। इसके बावजूद इनकी बच्चियों ने कभी स्कूल जाना नहीं छोड़ा और आज सबसे छोटी बेटी बारहवीं कक्षा की परीक्षा की तैयारी कर रही है। हालाँकि, रंजना एक मध्यवर्गीय परिवार से थी, लेकिन वह मुंशीलाल की पत्नी बनने और उसके साथ सड़क किनारे बनी झुग्गी में रहने को तैयार हो गई, क्योंकि मुंशीलाल उसकी कद्र करता था। पाँच साल पहले सड़क को चौड़ा बनाने के लिए उनकी झुग्गी को तोड़ दिया गया, लेकिन पुनर्वास योजना के तहत उन्हें सुभाष नगर में एक छोटा फ्लैट मिल गया। 14 फरवरी, 2013 को स्थानीय निवासियों ने उन्हें एक सिलाई मशीन उपहार में दी। पिछले दस दिन से वे हर दिन औसतन 200 रुपए कमा रहे हैं और आराम से जीवन बसर कर रहे हैं।

वेलेंटाइन गिफ्ट पाँच लोगों के एक परिवार को सुकून की जिंदगी जीने का अवसर दे रहा है। साथ ही बच्चों को शिक्षा देने की उनकी इच्छा भी पूरी हो रही है। रंजना ने सिलाई का कोर्स किया है, यही सोचकर स्थानीय लोगों ने वेलेंटाइन डे के मौके पर उन्हें सिलाई मशीन उपहार में देने का फैसला किया और इसकी मदद से आज वे आत्मनिर्भर हो गए हैं। पूरी दुनिया में समाजसेवी संस्थाएँ छोटी रकम दान कर लोगों को बेहतर जीवन जीने का मौका दे रही हैं, ताकि वे अपनी जिंदगी दोबारा शुरू कर सम्मानित ढंग से जी सकें।

फंडा यह है कि यदि आप किसी की मदद करना चाहते हैं तो उसे एक दिन खाने के लिए मछली देने के बजाय मछली पकड़ने वाला जाल दीजिए। पेट की भूख शांत करने में लोगों की मदद करना बुरा नहीं है, लेकिन इससे बेहतर है कि वे खुद ऐसा करें और आप इसमें उनकी मदद करें। परोपकार ऐसा करें जिसका असर लंबे समय तक बना रहे।

❑

भलाई करने के लिए धन की जरूरत नहीं होती

संता वहते कृष्णा माई—यह मराठी भाषा का एक पुराना गीत है, जिसे गायक संगीतकार सुधीर फड़के की सुमधुर आवाज ने अमर बना दिया है। इस गीत में स्थिरता और शांति की प्रतीक कृष्णा नदी की वंदना की गई है। यह इनसान को सुख और दुःख को एक समान भाव से स्वीकार करने के साथ शांति फैलाने का आह्वान करता है। 35 साल की उम्र में शायद ही कोई इस गीत को अपना रिंग टोन बनाना पसंद करे, लेकिन संदीप कुमार सालुंखे ने ऐसा ही किया है और यह उनके चरित्र की खासियत का परिचायक है। सालुंखे कमजोर परिवार से ताल्लुख रखने वाले बच्चों के बीच रहकर उन्हें जागरूक बनाते हैं और उन्हें जीवन को पॉजिटिव नजरिए से देखने की प्रेरणा देते हैं। और जीवन की तमाम मुश्किलों से पार पाने तथा शांति हासिल करने के लिए उनके पास एक ही दवा है—शिक्षा। संदीप फिलहाल पुणे में आयकर उपायुक्त हैं। महाराष्ट्र के जलगाँव जिले के शिरूद गाँव में एक कमरे के घर में पले-बढ़े इस 35 वर्षीय युवक ने न केवल कई लोगों के जीवन को बेहतर बनाया है, बल्कि उनसे प्रेरित होकर हर साल कम-से-कम 600 लोग अपने जीवन का नजरिया बदल लेते हैं। उन्होंने इसकी शुरुआत अपने बारे में 15 पेज के एक पैंफ्लेट से की। इसमें उन्होंने लिखा था, ''मैं आप जैसों में से एक हूँ और आज यहाँ तक पहुँचा हूँ।'' दस दिन के अंदर छात्र इस पैंफ्लेट की प्रतियाँ आस-पास के गाँवों में बाँटने लगे। उनके पास दूरदराज के इलाकों से भी बड़ी संख्या में प्रस्ताव

आने लगे। शिक्षा की क्रांति शुरू हो चुकी थी और इसका तेजी से विस्तार भी होने लगा था। बच्चे जिनकी जिंदगी अब तक घर से पान की दुकान और वापस घर लौटने तक सीमित थी, उनके पास आकर समय बिताने लगे। सबसे पहले उन्होंने अपने गाँव के 40 बच्चों को पढ़ाया। इनमें से चौदह पुलिस कांस्टेबल बन गए। पाँच सौ की आबादी वाले गाँव के लिए यह बहुत बड़ी बात थी। जब उनका तबादला 250 किलोमीटर दूर नासिक हो गया तो उन्होंने इस अभियान को जारी रखने के लिए एक टीम तैयार की। टीम के सदस्य एक-एक कर बच्चों को पढ़ाते और उनके पढ़ाने का तरीका भी अकसर अलग होता था। उनकी टेली कॉन्फ्रेंसिंग का तरीका भी अनोखा था। इसके लिए मोबाइल को एम्प्लीफायर से जोड़ा जाता और फिर इसके जरिए सालुंखे उन्हें पढ़ाते थे। हर रविवार ऐसा होता और छात्र या शिक्षक कभी भी यह मौका चूकते नहीं थे। अपनी कोशिशों से सालुंखे ने बच्चों में पढ़ने की ललक पैदा कर दी और पूरे जिले में बच्चों का उत्साह देखते ही बनता था। यदि इनमें से हरेक सालुंखे की तरह संघ लोक सेवा आयोग की परीक्षा में सफल नहीं भी होता, फिर भी कुछ बच्चे कम-से-कम पुलिस कांस्टेबल बनने की उम्मीद तो कर ही सकते थे। बंधुआ मजदूरी करने वाला दीपक पाटिल हर दिन अँधेरी सड़कों पर 25 किलोमीटर साइकिल चलाकर सालुंखे के पास आता था। आज वह अमरावली में पुलिस सब-इंस्पेक्टर है। नए छात्रों के साथ पहली मीटिंग में सालुंखे उन्हें अपना उदाहरण देते हैं। वे उन्हें बताते हैं कि जब वे नवीं कक्षा में थे तो कैसे उन्होंने अपने घर से पैसे चुराए थे और फिर कैसे गलती का अहसास होने के बाद उन्होंने दोबारा कभी ऐसा नहीं किया। वे बताते हैं कि वे भी कई बार हीन भावना के शिकार हो जाते थे, लेकिन इसे कभी अपने ऊपर हावी नहीं होने दिया। वे अपनी कामयाबी के बारे में दूसरों को बताना चाहते थे, क्योंकि उन्हें पता था कि वे कम-से-कम सात ऐसे बच्चों को पढ़ाई के लिए तैयार करने में कामयाब रहे हैं, जो आत्महत्या करने की तैयारी में थे। यह स्वीकारोक्ति खुद उन छात्रों की है। समाज के हर तबके के बच्चे उनके छात्रों में शामिल हैं और सालुंखे गर्व से फूले नहीं समाते जब वे उनका आभार जताते हैं।

फंडा यह है कि अगर आप वास्तव में समाज के लिए कोई कार्य करना चाहते हैं तो उसके लिए पैसे से अधिक जिजीविषा और परोपकार की भावना चाहिए।

बुजुर्ग हमारी संपत्ति हैं, बोझ नहीं

कहानी 1 : इलाहाबाद विश्वविद्यालय में उर्दू की सेवानिवृत्त रिसर्च स्कॉलर लक्ष्मी गुप्ता अपनी सहेली (रूममेट) से शिकायत कर रही थीं, देखो बच्चे कितने गैर-जिम्मेदार तरीके से व्यवहार करते हैं। मैंने उससे कहा था कि घर पहुँचते ही मुझे फोन कर बता दे, लेकिन उसे यहाँ से निकले तीन घंटे हो चुके हैं और यहाँ से घर का रास्ता मुश्किल से 45 मिनट का है। वह अपने 52 वर्षीय बेटे के बारे में बात कर रही थीं, जो एक बड़ी म्यूजिक कंपनी में वाइस प्रेसीडेंट है और कुछ घंटे पहले उससे मिलने आया था। काफी देर बाद जब फोन आया तो वह एक 9 साल की बच्ची की तरह दौड़ पड़ीं। वहीं दूसरी ओर से उनका बेटा बार-बार माफी माँग रहा था, मैं संगीत के क्षेत्र में शोध से संबंधित एक बहस में उलझ गया था और सुरक्षित घर पहुँच गया हूँ। इसलिए, हो सकता है मैं अगले महीने आपसे मिलने नहीं आ पाऊँ, लेकिन अगले दो महीनों में आपका हाल-चाल लेने जरूर आऊँगा। इतना कहकर उसने फोन रख दिया। लक्ष्मी ने मुसकराते हुए राहत की साँस ली और फिर से वृद्धाश्रम की प्रार्थना सभा की तैयारियों में जुट गई। वे इसी वृद्धाश्रम में रहती हैं और प्रार्थना सभा में उनके उर्दू के शेरों को सभी बड़े चाव से सुनते हैं। उनकी गजल और शेर सैकड़ों वृद्धजनों के दिलों को सुकून पहुँचाते हैं, जिनके बच्चे आस-पास ही रहते हैं। लेकिन उनके घरों में इतनी जगह नहीं है कि वे उन्हें अपने साथ रख सकें।

क्या कहें कुछ कहा नहीं जाता

कहानी 2 : यह कई गजलों में से एक है...

आप शाम को किसी पार्टी में जा रहे हैं और पार्टी में मौजूद लोगों को प्रभावित

करने के लिए कोई गजल या शेर अथवा किसी कवि की आत्मकथा की कुछ पंक्तियाँ गाकर सुनाना चाहते हैं। आपने घर में इसे याद करने की भरपूर कोशिश की, लेकिन पार्टी में पहुँचते ही गजल का आधा हिस्सा आप भूल गए। चिंता की कोई बात नहीं। स्मार्टफोन का उपयोग करने वाले लोग भूली हुई गजल के कुछ शब्दों को सर्च ऑप्शन में डालकर पूरी गजल ढूँढ़ सकते हैं। ये उर्दू, देवनागरी और रोमन लिपियों में उपलब्ध हैं और इन्हें इ-मेल और प्रिंट करने के अलावा रेफरेंस के लिए भी रखा जा सकता है, ताकि पार्टी में इसकी मदद से आप पूरी गजल गा सकें। आप इसके लिए rekhta.org पर लॉग इन कर सकते हैं, जहाँ मिर्जा गालिब और फिराक गोरखपुरी से लेकर लखनऊ, कानपुर, लाहौर और कराची जैसे शहरों के आधुनिक गजल गायकों की रचनाएँ भी उपलब्ध हैं। इस वेबसाइट पर 2500 से ज्यादा गजल, 200 से ज्यादा कवियों की कविताएँ, 3000 से ज्यादा चौपाइयाँ, हाइपर लिंक के साथ 11 इ बुक्स तथा ऑनलाइन डिक्शनरी भी उपलब्ध हैं, जिसमें 40000 से ज्यादा शब्द हैं। आप बेगम अख्तर और फरीदा खानम की रचनाएँ सुन नहीं पा रहे तो इस वेबसाइट की मदद लीजिए। हर गजल की रिकॉर्डिंग उन पेशेवर लोगों द्वारा की जाती है, जो रेडियो स्टेशन के लिए रेडियो जॉकी को उर्दू शब्दों के उच्चारण का प्रशिक्षण देते हैं। वे रिकॉर्डिंग से पहले गजल के तलफ्फुज और लहजे की जाँच करते हैं। वेबसाइट के प्रमोटर संजीव सराफ ने रेफरेंस के लिए पुरानी दिल्ली के उर्दू बाजार तथा दरियागंज में रविवार को लगने वाले बुक मार्केट से किताबें खरीदीं। विद्वानों के साथ प्रोफेसरों और शायरों के एक दस सदस्यीय पैनल ने साइट पर प्रकाशित हर जानकारी की सत्यता को परखा। सप्ताह के सातों दिन एक रिसर्च टीम 800 साल पुरानी गजलों की परंपरा की हर रचना को खँगालने के काम में लगी है और इसके अधिकांश सदस्य बूढ़े हैं।

फंडा यह है कि बुजुर्ग हमारी संपत्ति हैं या जिम्मेदारी, इसका फैसला खुद हमें ही लेना होगा। यदि नई पीढ़ी इन अनुभवी लोगों को अकेले में जीने-मरने के लिए छोड़ती है तो यह उसकी निरी मूर्खता है। जब हम छोटे थे तो वे हमारी संपत्ति थे, फिर बड़े होने पर वे हमारे लिए भार कैसे बन सकते हैं?

❑

सामाजिक ढाँचे को मजबूत बनाए रखना हमारी जिम्मेदारी

चेन्नई से 55 किलोमीटर दूर तमिलनाडु के लोकप्रिय पर्यटन स्थल महाबलीपुरम् पर 31 अक्तूबर, 2012 को नीलम चक्रवात ने धावा बोला। इसके चलते बंगाल की खाड़ी में एक तेल टैंकर अपने रास्ते से भटक गया और 22 लोगों को लेकर जा रही एक लाइफबोट पानी में डूब गई। यह पाँच युवकों वेदिवेलु, पी कलैमणि, वी मदन, उदय मूर्ति और के गोपी की कोशिशों का ही नतीजा था कि सभी 22 लोग जिंदा बच गए। मरीना बीच पर रहने वाले इन मछुआरों ने समुद्र के उफनते पानी में संघर्ष कर उनकी जान बचाई। उफान लेती तरंगों के बीच जहाज को पानी में उछलते हुए उन्होंने देखा तो उनसे रहा नहीं गया।

वे अपनी पुराने जमाने की मोटर फिशिंग बोट लेकर जहाज के पास चले, लेकिन आधे रास्ते में बोट खराब हो गई। फिर वे तैरते हुए जहाज तक पहुँचे और सभी 22 लोगों की जान बचा ली। शाम साढ़े चार बजे तक केवल छह लोग किनारे तक पहुँच पाए थे। बाकी लोगों की जान बचाने में आधी रात हो गई, जबकि चक्रवात को आए हुए 17 घंटे हो चुके थे। ये पाँचों युवक लगातार करीब 20 घंटे तक पानी में रहे।

फिल्म '3 इडियट्स' में रैंचो के पास वायरस इनवर्टर और कॉलेज के दोस्त थे जिन्होंने डीन की बड़ी बेटी के बच्चे के जन्म के दौरान उसकी मदद की। लेकिन पेशे से नर्स और कोलकाता के डायमंड हार्बर में रहने वाली प्रियंका मंडल के पास

ऐसा कुछ नहीं था। 28 जनवरी, 2011 को वह अपने काम से वापस लौट रही थी तो उसने सड़क के किनारे एक महिला के कराहने की आवाज सुनी। प्रियंका ने देखा तो वह प्रसव वेदना से परेशान थी। बच्चे का जन्म होने वाला था, लेकिन आस-पास मदद की कोई गुंजाइश नहीं थी। मोबाइल फोन के प्रकाश में बच्चे का जन्म हुआ। उसने ब्लेड से एंबिलिकल कॉर्ड को काटा, जबकि प्लेसेंटा को बाँधने के लिए अपने बाल में लगे हेयर बैंड का उपयोग किया। सड़क किनारे दो जानों को बचाने के लिए प्रियंका को सामाजिक बहादुरी पुरस्कार दिया गया और बच्चे की माँ ने उसके नाम पर ही बच्चे का नाम रखा।

मनोज राय कलिंपोंग में दैनादिनी चैनल के वीडियो फोटोग्राफर हैं। 18 सितंबर, 2011 को उत्तरी बंगाल में भीषण भूकंप आया और उन्हें पता चला कि मंदिर गाँव इलाके में इससे बहुत ज्यादा तबाही हुई है। सात घंटे पैदल चलकर मनोज वहाँ पहुँचे और भूकंप में अपनी जमीन और सारी संपत्ति खो चुके 395 परिवारों की आपबीती की रिकॉर्डिंग कर ली। भूकंप ने इस इलाके को बाकी दुनिया से अलग कर दिया था। मनोज उसी रात लौटकर आए, अपने वीडियो की एडिटिंग की और खबर का प्रसारण किया। कुछ ही घंटे में यह खबर चारों ओर फैल गई और पीड़ितों को समय रहते मदद मिल गई। वीडियो को देखने के बाद लोगों ने अपने बचत के पैसों के साथ दशहरा पर्व के लिए जमा किया चंदा भी उनकी मदद के लिए दान कर दिया। इसके अलावा भोजन सामग्री, कपड़े, दवाइयाँ और जलाने की लकड़ी भी पीड़ितों तक पहुँचाई गई। मनोज कुछ घंटे पहले ही वहाँ आए थे तो मदद करने वालों ने उनकी मदद से जरूरत की चीजें लोगों तक पहुँचाई। इसके बिना पीड़ित, खासकर बीमार और वृद्ध भूखे मर जाते, लेकिन मनोज ने उन्हें नई जिंदगी दी। उन्हें इसके लिए कई बहादुरी पुरस्कारों से सम्मानित किया गया जिसमें गॉडफ्रे फिलिप्स ब्रेवरी अवॉर्ड और गणतंत्र दिवस पर प्रधानमंत्री द्वारा सम्मान किया जाना शामिल है।

फंडा यह है कि स्थानीय समुदायों में बहादुर लोगों की पहचान करना और उन्हें बहादुरी के लिए प्रेरित करना हमारी जिम्मेदारी है, ताकि हमारा सामाजिक ढाँचा बना रहे। समाज की हालत यह है कि पड़ोसी की हत्या होते हुए देखकर भी लोग आमतौर पर आँखें मूँदे रखना ही पसंद करते हैं। यह समाज की सामूहिक जिम्मेदारी है कि सामाजिक ढाँचे को मजबूत बनाए रखे।

❑

ईमानदारी का मिलता है अच्छा नतीजा

स्कूल और कॉलेज की पढ़ाई के दौरान वह हमेशा ही अच्छा छात्र रहा था। आईआईटी प्रवेश परीक्षा में सफलता के बाद आईआईटी चेन्नई से अच्छे अंकों के साथ उसने बीटेक की पढ़ाई पूरी की। पोस्ट ग्रेजुएशन की पढ़ाई के लिए उसे अमेरिका के मैसाचुसेट्स इंस्टीट्यूट ऑफ टेक्नोलॉजी से स्कॉलरशिप का प्रस्ताव मिला, लेकिन उसने इनकार कर दिया। उसने सोचा कि जिस समाज ने उसकी पढ़ाई का खर्च उठाया है, उसके लिए कुछ करना चाहिए। उसे यह पता था कि आईआईटी छात्रों की पढ़ाई का पैसा करदाताओं की जेब से आता है। उसने फैसला किया कि वह देश में ही रहेगा और उसकी बेहतरी के लिए हरसंभव प्रयास करेगा। इसके बाद उसने भारतीय प्रशासनिक सेवा (आईएएस) की परीक्षा पास की और आईएएस प्रोबेशनर्स परीक्षा में भी सफल रहा।

1991 बैच के आईएएस अधिकारी राजू नारायणस्वामी की जब केरल में पदस्थापना हुई तो उन्हें आगे आने वाली मुश्किलों के बारे में कुछ पता नहीं था। उनका सामना बार-बार ऐसे लोगों से होता था जो कानून के खिलाफ काम करते थे, लेकिन जिनकी सत्ता के गलियारों में अच्छी पहुँच थी। एक बार उनका मुकाबला केरल के रियल एस्टेट के मठाधीशों से हुआ, जो इमारतों का निर्माण करने के लिए धान के खेतों को खत्म कर रहे थे। उन्होंने यह लड़ाई गरीब लोगों के लिए लड़ी जिनकी जमीनें पानी से भर जातीं, यदि वे अपने पास के खेतों को पाटने की इजाजत

दे देते। उन्हें केरल में भारी राजनीतिक दबाव का सामना करना पड़ा, लेकिन उन्होंने वही किया जो समाज के लिए बेहतर था। शादी के ठीक बाद उनके ससुर ने अपने महलनुमा घर का कंपाउंड बनाने के लिए आम लोगों के लिए बनी सड़क को बंद कर दिया। स्थानीय लोगों ने नारायणस्वामी से अपील की और उन्होंने अपने ससुर से सड़क के रास्ते में खड़ी बाधा को हटाने का आग्रह किया, लेकिन वे नहीं माने। बाद में उन्होंने पुलिस की मदद से कंपाउंड की दीवार को तुड़वा दिया। इसके बाद एक शराब व्यवसायी के यहाँ छापा मारने का मामला आया, जिससे 11 करोड़ रुपए का जुर्माना वसूला जाना था। संबंधित विभाग के मंत्री ने उन्हें बुलाकर मामला रफादफा करने को कहा, नहीं तो नतीजे भुगतने की चेतावनी भी दी। उन्होंने धमकी की चिंता किए बगैर शराब व्यवसायी के घर पर छापा मारा और उन्हें अगले ही दिन कोई महत्त्वहीन जिम्मेदारी देकर दूसरी जगह ट्रांसफर कर दिया गया।

पदस्थापना की नई जगह पर उन्हें पता चला कि गरीब किसानों के लिए स्टॉप डैम बनाने के नाम पर सरकारी पैसे की बंदरबाँट की जा रही है, जबकि डैम का निर्माण नहीं हो रहा है। स्थानीय ठेकेदारों को उनके अड़ियल स्वभाव के बारे में पता चला तो उन्होंने मिट्टी का अस्थायी डैम बनाकर आठ करोड़ रुपए का बिल भेज दिया। नारायणस्वामी को उनके इरादों के बारे में अच्छी तरह पता था। उन्होंने कोई छोटा-मोटा कारण बताकर बिल के भुगतान में देरी कर दी और मानसून के आने का इंतजार करने लगे। उस साल केरल में मानसून जल्दी आया और बारिश में डैम बह गया। उसके बाद उन्होंने जोर दिया कि डैम का निरीक्षण करने के बाद ही बिल का भुगतान होगा। नतीजा ठेकेदारों को कभी भुगतान नहीं मिला और राजनीतिक लॉबी के दबाव में उन्हें जबरन छुट्टी पर भेज दिया गया।

कई बार उनका मुकाबला शक्तिशाली लोगों से हुआ। अंत में उनका सामना घोटालों के आरोप में फँसे पीडब्ल्यूडी मंत्री टी.यू. कुरूविला से हुआ। मंत्रीजी के बच्चों ने एक अनिवासी भारतीय को करोड़ों रुपए में जमीन का एक टुकड़ा बेचा। उसे जमीन नहीं मिली तो उसने इसकी शिकायत कर दी। नारायणस्वामी को इसकी जाँच की जिम्मेदारी दी गई। जाँच में उन्हें पता चला कि बेची गई जमीन सरकारी थी, इसलिए उसका हस्तांतरण नहीं हो सकता। उन्होंने सारे सबूतों के साथ अपनी रिपोर्ट जमा की और मंत्री को इस्तीफा देना पड़ा। इन झमेलों से परेशान होकर नारायणस्वामी ने नौकरी से इस्तीफा दे दिया और दो सप्ताह पहले पेरिस में यूनाइटेड नेशंस के लिए नई जिम्मेदारी स्वीकार कर ली।

फंडा यह है कि ईमानदार लोगों को अंत में जीत जरूर मिलती है। सिद्धांतों पर आधारित किसी से समझौता नहीं करने की नीति शुरू में आपके लिए मुश्किलें खड़ी कर सकती है, लेकिन आखिर में आपको इसका ऐसा परिणाम मिलता है जिससे सारी दुनिया आपसे ईर्ष्या करती है।

❑

अच्छे कामों का मिलता है अच्छा नतीजा

बिली रे हैरिस अमेरिका में कंसास सिटी के नजदीक मिसौरी के फुटपाथ पर रहता है और वर्षों से कंसास सिटी रेलवे स्टेशन के आस-पास के इलाकों में भीख माँगकर अपना गुजारा करता है। नियमित रूप से स्टेशन आने-जाने वाले लोग उसे ईमानदार भिखारी के रूप में जानते हैं। स्टेशन क्षेत्र में किसी की कोई बेशकीमती चीज गुम हो जाए तो वह उसे ढूँढ़ने में उनकी मदद करता है। कई बार ऐसा हुआ है जब किसी की खोई हुई चीज उसे मिल जाती है, तो वह उसे तब तक सँभालकर रखता है जब तक उसका मालिक न मिल जाए।

बदले में उसे कभी लोगों की मुसकराहट नसीब होती है तो कोई आभार जताते हुए एक-दो डॉलर उसे दे देता है। लेकिन हैरिस के पास जितना है, वह उससे खुश है। उसे इस बात की संतुष्टि है कि लोग आते-जाते उसकी ओर देखकर मुसकराते हैं और उसकी जरूरतें पूरी कर देते हैं। उसकी अच्छाइयों और ईमानदारी के चलते कई बार लोग अपने लिए शॉपिंग करते हुए उसके लिए भी खाना खरीदकर उसे देते हैं। वह कई बार अपनी ईमानदारी का उदाहरण दे चुका है। कई बार ऐसा भी हुआ है, जब किसी का पैसों से भरा बटुआ गिर गया और हैरिस उसे ढूँढ़कर उन्हें लौटा चुका है।

हैरिस पहले टेक्सास में रहता था, लेकिन गरीबी के चलते वह कंसास चला आया। यहाँ आकर उसका परिवार उससे बिछड़ गया और तमाम कोशिशों के बाद भी वह उन्हें ढूँढ़ नहीं पाया। दो महीने पहले एक दंपती ने गलती से अपनी इंगेजमेंट

रिंग उसके कटोरे में गिरा दी और वहाँ से चल दिए। हैरिस ने उसे भी सँभालकर रखा और उन्हें लौटा दिया। यह दंपती उसकी ईमानदारी से इतने प्रभावित हुआ कि उन्होंने कंसास सिटी में उसके लिए फंड जुटाने का ऑनलाइन अभियान शुरू कर दिया। उसने हीरे जड़ी उस अँगूठी को लौटाते समय बदले में किसी ईनाम की उम्मीद नहीं की थी, लेकिन सारा डॉर्लिंग और उनके पति बिल क्रेजसी ने 'फंडरेजिंग' नामक वेबसाइट पर उसके लिए एक पेज की शुरुआत की और अब तक 1,77,000 डॉलर की रकम जमा हो चुकी है।

बेघर हैरिस रात को पुल के नीचे सोता है, लेकिन इंटरनेट पर उसकी ईमानदारी की इतनी चर्चा हुई कि टेक्सास में उसे अपना खोया हुआ परिवार भी मिल गया। उसकी छोटी बहन रॉबिन हैरिस पिछले 16 साल से उसे ढूँढ़ रही थी और उसे लगने लगा था कि बिली रे हैरिस की मौत हो चुकी होगी।

लेकिन दो सप्ताह पहले एक दिन अचानक उसने टीवी पर अपने भाई की ईमानदारी के बारे में सुना और तब उसे ढूँढ़ लिया। रॉबिन हैरिस ने उसे परिवार के बाकी सदस्यों—उसके भाई, बहन, भतीजे और भतीजियों से भी मिलवाया।

बिली रे हैरिस का कहना है कि अपने भाई-बहनों से मिलकर उसे अत्यधिक खुशी मिली है। एक स्थानीय अखबार को उसने बताया कि पिछले कई सालों से उसकी अपने परिवार के लोगों से कोई बात नहीं हुई थी। अचानक जब वे मिले तो उसके आश्चर्य और खुशी का कोई ठिकाना नहीं रहा। अब अपने लिए जमा किए गए पैसों से वह एक घर खरीदना चाहता है और टेक्सास जाकर अपने बिछड़े हुए परिवार से मिलना चाहता है।

उस दंपती ने जब फंडरेजिंग अभियान शुरू किया था तो उन्हें उम्मीद थी कि वे करीब दो सौ डॉलर जमा करने में सफल होंगे। लेकिन 15 अप्रैल तक चलने वाले 90 दिनों के इस अभियान में अब तक 1,77,000 डॉलर जमा हो चुके हैं और यह सिलसिला अभी जारी है। दान देने वाले लोगों का कहना है कि दंपती ने वेबसाइट पर भावनात्मक भाषा का ऐसा इस्तेमाल किया कि कोई भी उसे पढ़कर पैसे दिए बिना नहीं रह सकता।

फंडा यह है कि पानी में फेंका गया रोटी का टुकड़ा कभी बरबाद नहीं जाता, यह लौटकर आपके पास आता है। अच्छे कामों का नतीजा भी अच्छा ही होता है। देर से ही सही, इसका फायदा आपको जरूर मिलेगा।

❑

पैसे की अहमियत समझने के लिए गरीबों की जिंदगी जीकर देखिए

यह एक खास तरह का प्रोजेक्ट था जिसका मकसद सात छात्रों को जीवन में पैसे की अहमियत बताना था। भारत में औसत मासिक वेतन 4500 रुपए है और इसका एक तिहाई हिस्सा मकान भाड़े पर खर्च हो जाता है। इसलिए हमने फैसला किया कि उन्हें तीन हजार रुपए में एक महीने तक गुजारा करना होगा। बेंगलुरु कैंटोनमेंट स्टेशन पर उतरते ही इन छात्रों से आराम की जिंदगी के सभी साधन जमा करने को कहा गया। बालों में लगाया जाने वाला जैल, डियोडोरेंट, परफ्यूम, मॉइश्चराइजिंग क्रीम, जुराबें, रुमाल, जिलेट ब्लेड, लैपटॉप और मोबाइल फोन जैसे सारे सामान वापस ले लिए गये। इसके बदले उन्हें नारियल तेल, नहाने के लिए लाइफबॉय साबुन की आधी कटी टिकिया, कपड़े धोने के लिए व्हील साबुन आदि दिया गया। उन्हें बस में ले जाया गया और उत्तरी बेंगलुरु में एक छोटे से घर में पहुँचने के पहले उन्हें दस मिनट पैदल भी चलना पड़ा। उनके दिन का एक बड़ा हिस्सा खाने की व्यवस्था और योजना बनाने में बीतता। ढाबे में जाकर खाना भी महँगा लग रहा था, इसलिए बाहर खाने का तो सवाल ही नहीं था। दूध और दही के लिए ज्यादा पैसे खर्च करने पड़ते, इसलिए वे कम ही खाते थे। मांस या ब्रेड जैसे प्रोसेस्ड खाद्य पदार्थ भी उनकी पहुँच से बाहर थे। घी और मक्खन भी नहीं था, बस थोड़ा सा रिफाइंड ऑयल था। अच्छी बात यह थी कि वे सभी अच्छा खाना बनाने और खाने के शौकिन थे। उन्हें सोयाबीन का विकल्प खूब पसंद

आया। यह सस्ता था, इसमें प्रोटीन भरपूर था और इससे कई सारी डिश बनाई जा सकती थीं। पारले जी बिस्किट भी सस्ते थे, 25 पैसे में 27 कैलोरी मिल जाती थीं। उन्होंने बिस्किट के साथ फ्राइड बनाना जैसे नए डेजर्ट भी ईजाद किए।

सौ रुपए में एक दिन गुजारने की शर्त ने उनकी जरूरत काफी सीमित कर दी। उन्हें लगा कि वे हमेशा बस से सफर नहीं कर सकते थे, इसलिए कई बार पैदल ही निकल जाते थे। वे दिन भर में पाँच-छह घंटे से ज्यादा बिजली का खर्च भी नहीं उठा सकते थे। इसलिए पंखे और बल्ब भी कम ही उपयोग करते थे। दुकानों के सामने से गुजरते हुए वे उन चीजों को निहारते जिन्हें खरीद नहीं सकते थे। फिल्में देखने के लिए उनके पास पैसे नहीं थे, और यह दुआ करते कि कहीं बीमार न पड़ जाएँ। कभी-कभी वे उबले हुए चावल के साथ शकरकंद और केला खाते और साथ में काली चाय पीते। ये दिन भर खाने के बारे में ही सोचते रहते, पैदल लंबी दूरियाँ तय करते और मनपसंद भोजन के लिए पैसा बचाने की हरसंभव कोशिश करते।

31वें दिन की समाप्ति पर उन्हें उनके मोबाइल फोन वापस मिले। जो पहला एसएमएस उन्होंने अपने माता-पिता को किया, उसमें लिखा था कि सामान्य जिंदगी वापस मिलने से वे कितने खुश हैं, इसे शब्दों में नहीं बता सकते। अंतिम दिन मैं उन्हें क्यूबन पार्क के नजदीक एमजी रोड पर स्थित हार्ड रॉक कैफे लेकर गया। वे यहाँ चालीस मिनट तक रुके, रॉक संगीत का मजा लिया। तभी उनमें से एक ने कहा कि क्या हमें यहाँ अपने पैसे खर्च करने चाहिए? इस कैफे के बाहर करोड़ों लोग हैं जिनके लिए दोनों शाम भोजन की व्यवस्था करना मुश्किल होता है। मैंने बड़ी मुश्किल से उन्हें यहाँ खाना खाने के लिए तैयार किया। बिल सामने आते ही मैंने देखा कि रकम देखकर तीन लड़कों के हाथ काँप रहे थे। वहाँ से एक वातानुकूलित बस में बैठकर हम बेंगलुरु एयरपोर्ट पहुँचे। इसके लिए प्रति आदमी 195 रुपए का किराया चुकाना पड़ा। इसके बाद हम फ्लाइट से मुंबई के लिए रवाना हो गए।

इस एक्सपेरिमेंट को पूरा हुए अब तीन महीने बीत चुके हैं। उन्हें अब भी वैसी चीजों पर पैसे खर्च करने में मुश्किल आती है जो उन्हें जरूरत से ज्यादा लगते हैं। वे खुद से सवाल करते रहते हैं कि उन्हें ब्रांडेड हेयर प्रॉडक्ट खरीदने की कोई जरूरत है भी या नहीं। उन्हें यह भी लगने लगा है कि वीकेंड मनाने के लिए महँगे रेस्टोरेंट में खाना जरूरी नहीं है। अंत में उन्होंने मुझसे ही यह सवाल किया कि वे इतनी सारी सुख-सुविधाओं के लायक भी हैं या नहीं।

उन्हें यह पता चल चुका है कि वह उनकी खुशकिस्मती है कि वे ऐसे घरों में

पैदा हुए जहाँ उनका जीवन आराम से बीत रहा है। लेकिन उनके पास इस सवाल को कोई जवाब नहीं है कि बाकी की आधी आबादी इसके लायक क्यों नहीं है। वे स्वयं को अंदर से दोषी महसूस करते हैं। दोष की यह भावना तब और बलवती हो जाती है जब वे मुश्किलों के बीच जिंदगी जी रहे लोगों से मिलने वाले प्यार और उदारता को याद करते हैं।

फंडा यह है कि हमारे आस-पास आरामतलबी के कई साधन मौजूद हैं। इनमें से कई ऐसे भी हैं, जिनकी कोई जरूरत नहीं है। यदि आप आराम के इन साधनों की अहमियत जानना चाहते हैं तो कभी उनकी जिंदगी जीकर देखिए, जिनके पास ये मौजूद नहीं हैं।

❑

केवल धन-संपत्ति से कोई अमीर नहीं हो जाता

यह वाकया 4 सितंबर, 2012 का है जब अहमदाबाद में मूसलाधार बारिश हो रही थी। अल्पेश वघेला सीजी रोड पर पंचवटी के नजदीक एक बस स्टैंड पर खड़े बापू नगर जाने के लिए बस की प्रतीक्षा कर रहे थे। उनके साथ 25 वर्षीय एक युवक भी वहीं खड़ा था और शायद उसी बस का इंतजार कर रहा था। उसे देखने से लग रहा था कि उसका ताल्लुक किसी अमीर घर से था। हालाँकि, उसके चेहरे के हाव-भाव बता रहे थे कि वह किसी उलझन में था जिससे बाहर निकलने का कोई रास्ता उसे नहीं मिल रहा था। बस स्टैंड पर करने के लिए कुछ और नहीं था तो अल्पेश ने शिष्टाचारवश उस युवक से पूछ लिया कि उसे कोई परेशानी तो नहीं है और क्या वह उसकी कोई मदद कर सकते हैं? युवक ने छूटते ही जवाब दिया कि आप अपने काम से मतलब रखें और मुझे किसी की मदद की जरूरत नहीं है।

उस समय बस स्टैंड पर दो ही लोग थे। दोनों उलटी दिशाओं में देखते हुए मन-ही-मन बस के जल्दी आने की प्रतीक्षा कर रहे थे। धीरे-धीरे और भी लोग वहाँ पहुँचने लगे, उन्हें शायद बस के आने के समय के बारे में पता था। तभी अचानक पाँच और सात साल के दो बच्चे आए और वहाँ खड़े लोगों से भीख माँगने लगे। कुछ लोगों ने उनकी मदद की, कुछ ने ध्यान नहीं दिया और कुछ ने दोनों को वहाँ से हट जाने को कहा। वे जब उस युवक के पास पहुँचे तो वह क्रोधित हो गया और उन्हें जबरन बस स्टैंड से बाहर निकाल दिया। भिखारियों को

अकसर ऐसे लोगों का सामना करना पड़ता है, इसलिए वे चुपचाप मुसकराते हुए वहाँ से चले गए। थोड़ी देर बाद बारिश और तेज हो गई। वहाँ नियमित आने वाले लोगों को पता था कि भीगने से बचने के लिए कहाँ छिपना चाहिए। कुछ लोगों ने पेड़ के नीचे तो कुछ ने स्टैंड के पीछे बनी दुकानों में शरण ली। कुछ लोग पेड़ के साथ बँधी प्लास्टिक शीट के नीचे खड़े हो गए। दोनों भिखारियों ने भी नीले रंग की प्लास्टिक शीट से खुद को ढक लिया, जिसे रेन कोट की तरह सिला गया था। उनमें से जो पाँच साल की बच्ची थी, वह उस युवक की शर्ट पकड़कर खींचने लगी। युवक का गुस्सा और बढ़ गया। उसे लग रहा था कि भिखारियों ने उसकी बात नहीं मान कर उसका अपमान किया है। उसने करीब-करीब चिल्लाते हुए बच्ची से पूछा, क्या है? बच्ची ने इशारों में उसे गुस्सा नहीं करने को कहते हुए पूछा कि क्या वह बारिश से बचने के लिए सड़क के दूसरी ओर बनी झोंपड़ी में जाना चाहेगा। वह झोंपड़ी उस बच्ची के परिवार की थी। उसने युवक से यह भी कहा कि वहाँ खड़े होकर वह बस को भी आते हुए आसानी से देख सकता है। उस अमीर युवक की आँखें शर्म से झुक गईं। वाघेला को उन आँखों में आँसू की कुछ बूँदें भी दिखाई दीं। शायद वे पश्चात्ताप के आँसू थे।

फंडा यह है कि इनसान को पैसे से नहीं, दिल से अमीर होना चाहिए।

❑

दुर्घटनाओं के बाद ही क्यों समझ में आता है दूसरों का मोल?

ऑडी, जिसे अमूमन चौकीदारों के बीच 'चूड़ीवाली गाड़ी' के नाम से जाना जाता है, उस रोज फैक्टरी के दरवाजे पर आकर लगातार हॉर्न बजाए जा रही थी। चौकीदार जानता था कि यह उसके मालिक की कार है। लगातार बजते हॉर्न ने चौकीदार को डरा दिया और वह तेजी से भागते हुए गेट तक आया। मालिक उस वक्त मोबाइल पर किसी से बात कर रहा था। चौकीदार को देख कार का ड्राइवर उस पर देरी से आने के लिए चीखने-चिल्लाने लगा। इसके बाद उसने पोर्टिको में ले जाकर कार रोकी और बाहर निकलकर मालिक के उतरने के लिए दरवाजा खोला। मालिक कार से उतरा और मोबाइल पर बात करते हुए सीधे अपने चैंबर की ओर चला गया।

जैसे ही वह अपने चैंबर में पहुँचा, उसका एकाउंटेंट कुछ चेक पर उसके दस्तखत लेने के लिए वहाँ पहुँच गया। मालिक मोबाइल पर किसी सप्लायर के साथ बात करने में मशगूल था और इसी दौरान वह एकाउंटेंट द्वारा लाए गए चेक पर दस्तखत भी करता जा रहा था। मोबाइल पर बात खत्म होते ही उसने घंटी बजाई और चपरासी के आने पर उससे ड्राइवर को बुलाकर लाने के लिए कहा। कुछ ही पलों में ड्राइवर उसके समक्ष हाजिर था।

मालिक ने उससे कहा, ''गुप्ताजी, जाइए और चौकीदार से माफी माँगिए। जरा अपनी उम्र देखिए और उसकी उम्र देखिए। खयाल रहे कि आगे से कभी

उससे इस अंदाज में बात न हो। जिंदगी में हमेशा बड़े-बुजुर्गों का सम्मान करें।'' गुप्ता 'यस सर' कहते हुए चैंबर से बाहर चला गया। यह देख एकाउंटेंट ने मालिक से पूछा, ''क्या आपको नहीं लगता कि आप उस कार में मौजूद थे, सिर्फ इसी वजह से उसने चौकीदार से इस अंदाज में बात की?'' मालिक ने कहा, ''देखो मणि, वह चौकीदार मेरे पिताजी के जमाने से यहाँ है। उसने अपनी मामूली तनख्वाह में से पाई-पाई जोड़ अपने एक बेटे को इंजीनियर बनाया, जो आज राज्य विद्युत् बोर्ड में कार्यरत है।

''उसका दूसरा बेटा डॉक्टर बना और बेटी अमेरिका में है। वे उस पर पैसों की बरसात कर सकते हैं। मगर उसने उनसे कुछ भी लेने से इनकार कर दिया। वह उनसे यही कहता है कि जब जरूरत होगी, तब माँग लेगा। वह अपनी पत्नी के साथ अकेला रहता है और पहले की तरह हमारी फैक्टरी में काम करता है। मेरे मन में उसके प्रति बहुत आदर है, क्योंकि उसने मुझसे कभी कोई फायदा नहीं लिया, जबकि वह मेरे पिता को बहुत अच्छी तरह जानता है और उनसे घर पर जब-तब मिलता भी रहता है।''

यह जानकर मणि को अपनी सोच पर अफसोस हुआ। बहरहाल, वह उस दिन कुछ परेशान था, क्योंकि रात को उसकी माँ आने वाली थीं, जिनके साथ उसकी बीवी की बिलकुल नहीं पटती थी। वह जानता था कि उसके लिए अगले चार दिन बहुत मुश्किल होने वाले हैं और उसे हर वक्त यह खयाल रखना होगा कि सास-बहू के बीच किसी तरह की तकरार न हो जाए। ऑफिस से निकलकर वह सीधा अपनी माँ को रिसीव करने रेलवे स्टेशन पहुँच गया। वह ट्रेन का इंतजार कर रहा था, तभी उसके मोबाइल की घंटी बजी। फोन उसके पड़ोसी का था, जिसने उसे बताया कि बाथरूम में फिसलने की वजह से उसकी बीवी के पैर में फ्रैक्चर हो गया है। पड़ोसी ने उससे कहा कि वह उसकी बीवी को लेकर डॉक्टर के पास जा रहा है और वह सीधा वहीं पहुँच जाए।

मणि अपनी बीवी के पहुँचने से पहले ही अस्पताल पहुँच गया। अस्पताल पहुँचने पर उसकी बीवी के आश्चर्य का तब कोई ठिकाना न रहा, जब उसने अपनी सास को वहाँ देखा, जो लंबे सफर के बाद थकी हुई लग रही थी। अब कौन किसे दिलासा दे, यही सवाल उन दोनों के सामने था। मणि की माँ ने धीरे से बहू का हाथ थामा और बोलीं, ''तुम सिर्फ अपना खयाल रखो। घर की बिलकुल चिंता मत करना। बच्चों और घर की जिम्मेदारी मैं सँभाल लूँगी।'' यह सुनकर मणि की बीवी ने काफी राहत महसूस की। इसके बाद उसे वार्ड में ले जाया गया, जहाँ उसके पैर

पर प्लास्टर चढ़ा। यह सब देखने के बाद मणि के मन में अचानक विचार आया, 'आखिर लोग दुर्घटना के बाद ही दूसरे लोगों या रिश्तों का मोल क्यों समझ पाते हैं?'

फंडा यह है कि जरूरी नहीं कि आप दुर्घटनाओं के बाद ही लोगों या रिश्तों का मोल पहचानें। दूसरों का सम्मान करना आपके डीएनए में होना चाहिए। जो लोग दुर्घटनाओं से पहले इसे जान लेते हैं, वे जीवन में अच्छे इनसान बनते हैं। आप इस बात को कब समझते हैं, यह आप पर निर्भर करता है।

❑

मिशन से किया बिजनेस बहुत कुछ देता है

प्रदीप लोखंडे एक गरीब परिवार में पैदा हुए। उनके पिता महाराष्ट्र में पुणे के निकट वाइ गाँव में चपरासी थे। प्राइवेट छात्र के रूप में ग्रेजुएशन करने के बाद प्रदीप कुछ ऐसा बनने के लिए निकल पड़े, जिस पर दूसरों को रश्क हो सकता है। आज प्रदीप लोखंडे महाराष्ट्र, गुजरात, राजस्थान, उत्तराखंड, उत्तर प्रदेश, मध्य प्रदेश व छत्तीसगढ़ के अनेक गाँवों में जाना-पहचाना नाम है। वह एक मिशन लेकर चल रहे हैं। उनका लक्ष्य अपने पुणे स्थित ग्रामीण उपभोक्ता संस्थान रूरल रिलेशंस के जरिए तकरीबन 28,000 गाँवों के स्कूलों में यूज्ड कंप्यूटरों की व्यवस्था करना है।

जब उनके दिमाग में एक रूरल मार्केटिंग डाटाबेस तैयार करने का आइडिया आया तो वह अपनी मार्केटिंग जॉब तथा अपने व्यापारिक प्रतिष्ठान को छोड़ते हुए 4,000 गाँवों में उनकी स्थानीय अर्थव्यवस्था के बारे में अहम जानकारियाँ जुटाने निकल पड़े। वर्ष 1996 में उन्हें टाटा-टी तथा पारले कंफैक्शनरीज के रूप में अपने इस डाटाबेस के पहले ग्राहक मिले। आज उनके डाटाबेस के प्रतिष्ठित ग्राहकों में हिंदुस्तान लीवर लिमिटेड, प्रॉक्टर ऐंड गैंबल, मैरिको, एशियन पेंट्स, टेल्को और डीएसपी मेरिल लिंच जैसी कंपनियाँ शामिल हैं। गर्व से कहते हैं—"मैं संदेश प्रसारित करने में उनकी मदद करता हूँ, जिसके लिए मुझे पैसे मिलते हैं। मैं इस पैसे का इस्तेमाल इस काम (ग्रामीण स्कूलों का कंप्यूटरीकरण) को आगे बढ़ाने में करता हूँ। मैं एक ऐसा बिजनेसमैन हूँ, जो ग्रामीण बाजारों की अप्रयुक्त संभावनाओं

से आसक्त है।'' गाँवों में जाते हुए लोखंडे ने महसूस किया कि वहाँ के छात्रों ने कंप्यूटर को सिर्फ टीवी पर देखा है और नए गैजेट्स को उनके संपर्क में लाने से उनका आत्मविश्वास बढ़ सकता है। उन्होंने वर्ष 1998 में कुछ प्रतिष्ठित लोगों से निवेदन किया कि वे यूज्ड कंप्यूटरों को ग्रामीण स्कूलों की खातिर दान कर दें। लेकिन कहीं से भी प्रतिक्रिया नहीं मिली। इसके बाद उन्होंने खुद यूज्ड कंप्यूटरों को जुटाने और उन्हें इन स्कूलों को मुहैया कराने का जिम्मा उठाया। इसके ज्यादातर खर्चे खुद वहन करते। ग्रामीण छात्रों की आँखों में कंप्यूटर को पहली बार देखने पर जो चमक नजर आई, उससे उन्हें अपना यह प्रयास सार्थक लगा। वर्ष 2000 में पुणे के निकट मंदरादेव गाँव के स्कूल में यूज्ड कंप्यूटर लगाने से शुरू हुआ उनका यह अभियान 225 स्कूलों तक पहुँच चुका है और 4700 अन्य स्कूल कंप्यूटर दानदाताओं का इंतजार कर रहे हैं।

यूज्ड कंप्यूटरों को स्कूलों में लगाने के पीछे एक कारण तो यह है कि ये सस्ते पड़ते हैं। इसके अलावा ये महज दिखावटी चीजों के रूप में बेकार नहीं पड़े रहते। ग्रामीण स्कूलों में कंप्यूटर पहुँचने के बाद गाँव की कई लड़कियों को छह महीने में ही कंप्यूटर के एडवांस्ड फंक्शंस को इस्तेमाल करते देखा गया, जबकि पहले उन्हें इस पर अपना नाम टाइप करने में ही पसीने छूट जाते थे।

लोखंडे का यह उत्साह दूसरों को भी प्रेरणा दे रहा है। मसलन उन्होंने एक घटना का जिक्र करते हुए बताया कि अमेरिका में रहने वाले आईआईटी के एक पूर्व छात्र ने ऐसे ग्रामीण स्कूल को कंप्यूटर दान किया, जहाँ से उसके दिवंगत पिता ने शिक्षा प्राप्त की थी। उन्होंने 2,000–10,000 आबादी वाले तकरीबन 28,000 उभरते ग्रामीण बाजारों की पहचान की है, जहाँ साप्ताहिक हाट के दौरान सैकड़ों अन्य लोग भी आकर संवाद करते हैं। दूसरी ओर कॉरपोरेट डोनर भी लोखंडे की इस संस्था के 35,000 ग्रामीण स्कूलों द्वारा तैयार डाटाबेस से लाभान्वित होते हैं।

फंडा यह है कि बिजनेस में मिशन भावना होने से सामाजिक दायित्व की पूर्ति होती है और वंचित-वर्ग को उनके विकास के साधन उपलब्ध कराकर आत्मिक शांति मिलती है।

❑

मदद समय पर होनी चाहिए, वरना इसकी कोई उपयोगिता नहीं

शेख नबी बाबूमियाँ अहमदाबाद में एक ऑटो ड्राइवर है। एक दिन जब वह जमालपुर से शहर की ओर आ रहा था, तभी उसने देखा कि एक पुलिसवाले को तेज रफ्तार कार टक्कर मारते हुए तेजी से निकल गई है। इस दुर्घटना के तुरंत बाद वहाँ लोगों की भीड़ जमा हो गई। बाबूमियाँ तुरंत अपने ऑटो से उतरा और लोगों से दूर हटने के लिए कहा। इसके बाद उसने वहाँ खड़े एक व्यक्ति को अपनी डायरी देते हुए कहा कि वह इसमें से एक इमरजेंसी नंबर पर कॉल कर तुरंत एंबुलेंस मँगाए। बाबूमियाँ दुर्घटनास्थल पर जिस तरह बर्ताव कर रहा था, उसे देखकर लगता था मानो वह कोई डॉक्टर है। चूँकि वह पूरे अधिकार के साथ बात कर रहा था, लिहाजा वहाँ मौजूद अन्य लोगों ने भी उसके काम में हस्तक्षेप नहीं किया। वैसे भी लोग अमूमन इस तरह के मामलों से दूर ही रहना चाहते हैं। बाबूमियाँ ने पुलिसवाले को एक खास स्थिति में बैठाया, ताकि उसका रक्तस्राव रुक सके। तभी अचानक पुलिसवाला बेहोश हो गया। यह देखकर भी बाबूमियाँ बिलकुल नहीं घबराया और उसने पुलिसवाले को सीधा लिटा दिया, ताकि उसकी श्वास अवरुद्ध न हो। बाबूमियाँ द्वारा समय पर की गई मदद से यह सुनिश्चित हुआ कि उस पुलिसवाले की स्थिति और गंभीर न हो जाए। कुछ समय बाद वहाँ एक एंबुलेंस आई और घायल पुलिसवाले को अस्पताल ले गई। इलाज के बाद अब वह पूरी तरह ठीक है। दरअसल किसी भी सड़क दुर्घटना के शिकार व्यक्ति के लिए शुरुआती पंद्रह मिनट काफी अहम होते हैं। एक रिकॉर्ड के मुताबिक सड़क दुर्घटना में घायल कम-से-कम 50 फीसदी लोग पंद्रह मिनट के भीतर दम तोड़ देते हैं।

ऐसी दुर्घटनाओं में घायल लोगों को बचाने के लिहाज से यही बात सबसे ज्यादा अहमियत रखती है कि हम कैसे जल्द-से-जल्द इन तक जरूरी चिकित्सकीय मदद पहुँचाते हैं। भीड़भाड़ वाले शहरों में सड़क दुर्घटनाओं के शिकार व्यक्ति तक 15 मिनट के उस नाजुक समय के भीतर चिकित्सकीय मदद पहुँचाना मुश्किल ही लगता है, लेकिन यदि जान बचाना हमारा ध्येय बन जाए और हम कुछ बुनियादी सिद्धांतों को अपनाएँ, तो ऐसी कई जिंदगियों को बचा सकते हैं।

अहमदाबाद के सड़क परिवहन प्राधिकरण ने एक सर्वे के तहत पाया कि किसी भी दुर्घटनास्थल पर मिलने वाला पहला व्यक्ति अमूमन एक ऑटो रिक्शा चालक ही होता है। वह न सिर्फ दुर्घटना के शिकार व्यक्ति को अस्पताल ले जाने के बारे में जानता है, वरन् किसी चिकित्सा सेवा केंद्र तक पहुँचने के लिए शहर के कई शॉर्टकट रास्तों की भी उसे जानकारी होती है। मगर संभवत: उसे यह पता नहीं होता कि दुर्घटनाग्रस्त व्यक्ति को कैसे बुनियादी प्राथमिक उपचार दिया जाए, ताकि चिकित्सकीय मदद पहुँचने तक घायल को कुछ मिनटों की मोहलत और मिल जाए। गौरतलब है कि हमारे देश की भीड़भाड़ भरी सड़कों और शहर की ट्रैफिक व्यवस्था के लिहाज से एंबुलेंस को अमूमन स्पॉट तक पहुँचने में पंद्रह मिनट से ज्यादा ही लगते हैं। यह देखते हुए सड़क परिवहन से जुड़ी कुछ अथॉरिटीज ने ऑटो ड्राइवर्स को प्रशिक्षित करने के लिए रोटरी क्लब, रेडक्रॉस और सेंट जॉन एंबुलेंस सेवा से संपर्क साधा। इन ऑटो ड्राइवर्स ने साल 2012 की दूसरी छमाही में दुर्घटना के शिकार 14 व्यक्तियों की जिंदगी बचाई। यह आँकड़ा भले ही आकर्षक न लगे, मगर निश्चित तौर पर यह एक अच्छी शुरुआत तो है ही, जिसका देश के अन्य नगरीय निकाय भी अनुसरण कर सकते हैं।

पहले बैच में शामिल 50 कमर्शियल वाहन चालकों ने एक गहन फर्स्ट एड ट्रेनिंग प्रोग्राम में हिस्सा लिया, जो अब तक अपने शहर में 14 लोगों की जान बचा चुके हैं। अलग-अलग उम्र के इन 14 घायलों को सड़क से गुजरने वाले ऑटो ड्राइवरों के जरिए ही प्राथमिक उपचार मिला। बाबूमियाँ द्वारा सही समय पर की गई मदद से सात घायलों की जान बच सकी। वहीं ऑटो ड्राइवर्स एसोसिएशन ने अध्यक्ष इम्तियाज लाँगा ने भी चार लोगों की मदद की है, हालाँकि वे दुर्घटना के गंभीर मामले नहीं थे। इन दोनों को दूसरों की जिंदगी बचाने का गौरव हासिल करने में जिस चीज ने मदद की, वह इन संस्थानों द्वारा प्रदत्त गहन प्रशिक्षण ही है।

फंडा यह है कि मदद सही समय पर होनी चाहिए, अन्यथा इसका कोई मतलब नहीं रह जाता। आखिर किसी की भूख मर जाने के बाद उसे खाना देने में क्या मजा है?

❑

दूसरों की जिंदगी में सकारात्मक बदलाव लाने की अनूठी खुशी

कोटनी पावनी कुमारी महज 31 साल की थी और उसका निधन भी उसी दौरान हुआ, जब 'निर्भया' ने सिंगापुर के अस्पताल में अंतिम साँस ली। लेकिन कोटनी की मौत की ओर किसी का ध्यान नहीं गया। उसने बेंगलुरु के मनिपाल अस्पताल में अपनी अंतिम साँस ली। उसे लेफ्ट फ्रंटल सेरेबेलर हेमरेज (साधारण शब्दों में कहें तो ब्रेन हैमरेज) हुआ था। डॉक्टरों ने उसका ऑपरेशन कर हैमरेज की वजह से जमा हुए रक्त के थक्के को हटाने की कोशिश की, लेकिन उसका रक्तस्राव रुक नहीं रहा था और प्लेटलेट्स की कमी के साथ उसकी स्थिति लगातार बिगड़ती गई और आखिरकार डॉक्टरों ने उसे ब्रेन डेड घोषित कर दिया। उसके सिविल इंजीनियर पति कोटनी साई प्रसाद ने उसके अंगदान करने की इच्छा व्यक्त की, जिसके बाद उसके अंगों को निकालने की प्रक्रिया संपन्न हुई।

उसने अपनी मौत के बाद सात लोगों की जिंदगी को रोशन कर दिया। उसके दोनों कॉर्निया, दिल के दो वाल्व, दोनों गुर्दे और जिगर उसके शरीर से निकालकर जरूरतमंदों के शरीर में प्रत्यारोपित किए गए। यदि किसी डोनर के सभी अंग स्वस्थ हों, तो कम-से-कम 10 मरीज उससे लाभान्वित हो सकते हैं। इन अंगों में हृदय, फेफड़े, जिगर (जिसे दो लोग साझा कर सकते हैं), दो गुर्दे, अग्न्याशय, छोटी आँत और दो कॉर्निया शामिल हैं। बेंगलुरु में ही विभिन्न जेलों के 50 कैदियों ने मिलकर एक समूह बनाया है, जो अपने ब्रांड के बेकरी उत्पादों और गारमेंट्स के जरिए निजी उत्पादकों को कड़ी टक्कर दे रहा है। लेकिन इस साल से इन लोगों ने जेल के बाहर के

लोगों को हरियाली के बारे में पाठ पढ़ाने की एक योजना तैयार की है। खुली जेल के ये सुधरे हुए कैदी इस साल फरवरी में एक पौध नर्सरी खोलने जा रहे हैं। इसके लिए बीज बोए जा चुके हैं। इनमें 50 से ज्यादा किस्म के पौधों और फलों के सैंपल उगाना शामिल है। उन्होंने पहले साल में एक लाख सैपलिंग उगाने का लक्ष्य तय किया है। इनकी पहली खेप फरवरी में उपलब्ध हो जाएगी। वे इन सैंपलस को जेल अधिकारियों के अलावा हरियाली की दिशा में अभियान चलानेवाली अर्द्धशासकीय संस्थाओं को भी देंगे। उन्हें उम्मीद है कि जून तक उनके पौधों के सैंपल बिकने शुरू हो जाएँगे। इन कैदियों ने ऑर्गेनिक तरीके से सब्जियाँ व गुलाब उगाते हुए पहले ही अपनी छाप छोड़ दी है। यह पौध नर्सरी सौ एकड़ से ज्यादा एरिया में फैले ओपन एयर जेल के भीतर तैयार की जाएगी। इसके 50 से ज्यादा कैदियों में से कुछ चुनिंदा सदस्य जो पहले से खेतीबाड़ी या फसलों के उत्पादन से जुड़े हैं, इस नर्सरी पर काम करेंगे। इस जेल परिसर में मौजूद विस्तृत जमीन का समुचित दोहन करने के लिए यहाँ के कैदियों और पुलिस अधिकारियों ने मिलकर एक ग्रीन हाउस औषधीय पौधा अनुभाग भी तैयार किया है, जिससे इस जेल को काफी मुनाफा हो सकता है। इस बीच पुणे में कचरा बीनने वालों कम-से-कम 9,000 लोगों की ट्रेड यूनियन अपने सदस्यों के लिए बड़े पैमाने पर जागरूकता अभियान चला रही है। इससे इन सदस्यों के बच्चों को स्कूलों में 25 फीसदी आरटीई (शिक्षा का अधिकार) कोटे के तहत दाखिला दिलाने में मदद मिलेगी। गौरतलब है कि पिछले साल इसके सिर्फ 42 सदस्यों के बच्चों को इस कोटे के अंतर्गत दाखिला मिला और वह भी बड़ी मुश्किल से। कागद कच पत्र काश्तकारी पंचायत (केकेपीकेपी) द्वारा अपने कचरा बीनने वाले सदस्यों के लिए चलाए जा रहे इस जागरूकता कार्यक्रम में इस बात पर जोर दिया जा रहा है कि आरटीई अधिनियम के प्रावधानों का खासकर समाज के अभावग्रस्त व पिछड़े समुदायों के बच्चों के लिए 25 फीसदी आरक्षण कोटे के संदर्भ में किस तरह बेहतर इस्तेमाल किया जाए।

फंडा यह है कि कोई शख्स यदि चाहे तो मौत के बाद भी दूसरों की जिंदगी में बदलाव ला सकता है। तो हम जैसे जीवित इनसानों को दूसरों की जिंदगी में सकारात्मक बदलाव लाने से कौन रोकता है? किसी की जिंदगी में बेहतरी की खातिर बदलाव लाएँ और फिर देखें, आपको कितनी खुशी मिलती है।

❑

हरसंभव बेदाग रहे हमारा नैतिक दामन

पुणजी में आयोजित राष्ट्रीय स्वाधीनता संग्राम सेनानी सम्मेलन (जिसका उद्घाटन तत्कालीन प्रधानमंत्री चंद्रशेखर ने किया था) में प्रभाकर टी वैद्य भी आमंत्रित थे। सम्मेलन में कई प्रस्तावों की घोषणा हुई, जो देश के समक्ष मौजूद विभिन्न मुद्दों पर स्वाधीनता सेनानियों की आधिकारिक राय थी। अंततः दिन का सबसे अहम प्रस्ताव पेश किया गया, जो सरकार द्वारा स्वाधीनता सेनानियों को दी जा रही पेंशन व अन्य सुविधाओं में बढ़ोतरी की बात करता था। यह प्रस्ताव ध्वनिमत से पारित होने ही वाला था, तभी सत्र की अध्यक्षता कर रहे सज्जन ने उपस्थित लोगों से पूछा कि कोई इसके विरोध में तो नहीं है। यह महज औपचारिकता थी, क्योंकि किसी को उम्मीद नहीं थी कि कोई इसके विरोध में भी अपनी राय देगा।

लेकिन 3000 लोगों से ज्यादा के इस जनसमूह में से एक प्रभाकर टी वैद्य ने अपनी जगह पर बैठे हुए जोर से कहा, ''मैं इसका विरोध करता हूँ।'' शुरुआती पलों की शांति के बाद उपस्थित लोगों के बीच नाराजगी भरी फुसफुसाहट शुरू हो गई। अध्यक्षता कर रहे सज्जन ने प्रभाकरजी से कहा कि क्या वे मंच पर आकर अपनी बात कहना चाहेंगे, ताकि हर कोई उन्हें सुन सके। प्रभाकरजी अपनी सीट से उठे और मंच तक पहुँचे। उनके हाव-भाव में स्वाभिमान झलक रहा था।

उन्होंने कहा, ''स्वाधीनता सेनानियों से भिखारियों की तरह बर्ताव नहीं करना चाहिए। आखिर हम आजादी की जंग के सिपाही रहे हैं।'' उनके द्वारा कहे गए इस

पहले वाक्य से ही वहाँ शोर-शराबा होने लगा। उन्होंने अपनी बात जारी रखनी चाही, लेकिन उपस्थित लोगों के उत्तेजित स्वरों के बीच उनकी आवाज दबकर रह गई। मंच पर मौजूद किसी शख्स ने उनके हाथ से माइक्रोफोन छीन लिया और उन्हें नीचे उतरने के लिए मजबूर कर दिया।

प्रभाकरजी गोवा के स्वाधीनता संग्राम में शामिल रहे। उन्होंने दादर नागर हवेली को आजाद कराने में अहम भूमिका निभाई। पुर्तगाली अधिकारियों में उनका जबरदस्त आतंक था। 1961 में गोवा के आजाद होने के बाद प्रभाकरजी नवगठित गोवा, दमन व दीव केंद्रशासित प्रदेश में कोई अच्छा पद पा सकते थे। हालाँकि प्रभाकरजी ने तमाम प्रस्तावों को ठुकराते हुए अपने पुश्तैनी गाँव कुनकोलिम लौटने का फैसला किया। वे अपने गाँव को अज्ञानता की जंजीरों से मुक्त कराना चाहते थे, लिहाजा उन्होंने कुछ लोगों के साथ मिलकर कुनकोलिम शैक्षणिक समिति का शुभारंभ किया।

थोड़े-बहुत छात्रों और समर्पित शिक्षकों के एक छोटे से समूह के साथ कुनकोलिम यूनाइटेड हाई स्कूल अस्तित्व में आया। वैद्य दंपती इस स्कूल के शुरुआती शिक्षकों में से थे। जहाँ प्रभाकरजी स्कूल से नाममात्र का मानदेय लेते थे, वहीं उनकी पत्नी स्कूल में बच्चों को मुफ्त में अंग्रेजी पढ़ाती थीं। गोवा स्वाधीनता संग्राम में अपनी जिंदगी के बेहतरीन दशक होम कर देने के बावजूद प्रभाकरजी ने इसे कभी भुनाया नहीं। उन्होंने न तो सरकार द्वारा स्वाधीनता सेनानियों को दी जाने वाली पेंशन के लिए कभी आवेदन किया और न ही कभी रियायती यात्रा जैसी अन्य सुविधाएँ लीं। यहाँ तक कि उन्होंने कभी केंद्र सरकार द्वारा प्रदत्त ताम्रपत्र लेने के बारे में भी नहीं सोचा। अपने सत्तहत्तर वर्ष के जीवन में उन्होंने हमेशा केवल अपनी अंतरात्मा की ही आवाज सुनी।

(यह स्टोरी हमें प्रभाकरजी की बेटी शेफाली वैद्य ने भेजी है।)

फंडा यह है कि हालाँकि हम अपना नैतिक दामन प्रभाकरजी की तरह हमेशा तो बेदाग नहीं रख सकते, लेकिन हम कम-से-कम इतना तो कर ही सकते हैं कि इस तरह की गाथाओं को रगड़ने वाले ब्रश की तरह इस्तेमाल करते हुए अपने दामन को बड़े धब्बों से मुक्त रखें।

❑

जिद करने से ही बदलती है दुनिया

वर्ष 1997 में पैंतालीस वर्षीय माधुरी घोष अपने आस-पास की महिलाओं के लिए कुछ ऐसा करना चाहती थीं, जिससे वे अपना कारोबार शुरू कर सकें। इसके लिए उन्होंने अपने परिचितों की मदद से 5000 रुपए इकट्ठा किए। तब उन्हें पता नहीं था कि उनका यह छोटा सा कदम आगे चलकर 23,042 लोगों की आर्थिक स्थिति में सुधार का वाहक बनेगा और उनका संग्रह बढ़कर 11 करोड़ रुपए तक पहुँच जाएगा। हावड़ा के बगनान-1 इलाके के 80 गाँवों तक पहुँच चुकी माधुरी घोष की माइक्रो क्रेडिट क्रांति की यह गाथा इनसानियत की जीत को इंगित करने के साथ मैनेजमेंट का यह सबक भी देती है कि मुनाफे के इर्द-गिर्द घूमने वाले हरेक सफल बिजनेस मॉडल को जरूरी नहीं कि अपनाया जाए। माधुरी 1995 में कोलकाता से 80 किमी दूर बंगालपुर गाँव के बंगालपुर ज्योतिर्मयी प्राथमिक बालिका विद्यालय में शिक्षिका थीं। तभी उन्हें सरकार की ओर से वहाँ की महिलाओं में साक्षरता बढ़ाने को कहा गया। गाँवों में दौरे करते हुए उन्हें अहसास हुआ कि आत्मनिर्भरता के बगैर सिर्फ शिक्षा इस सामंतवादी हिस्से में ज्यादा बदलाव नहीं ला पाएगी।

उन्हें 'ग्रामीण इलाकों में महिला व बाल विकास' नामक शासकीय प्रशिक्षण योजना में अवसर नजर आया। उन्होंने महिलाओं को सिलाई-कढ़ाई, बुनाई और पापड़-अचार बनाना इत्यादि सीखने के लिए प्रोत्साहित किया। हालाँकि उनके

लिए ऐसा करना आसान नहीं रहा। पुरुषों ने उन्हें यह कहते हुए खूब भला-बुरा कहा कि वे अपने व्यक्तिगत फायदे के लिए उनकी पत्नियों को उनसे दूर ले जा रही हैं और उन्हें एक भी पैसा नहीं देंगी। लेकिन धीरे-धीरे औरतें उन पर भरोसा करने लगीं, क्योंकि वे उन बाकी महिलाओं की जिंदगी में बदलाव साफ देख सकती थीं, जिन्होंने पहले दिन से ही माधुरी पर भरोसा करते हुए अपनी आजीविका चलाने की तकनीकें सीखना शुरू कर दिया था।

इसके साथ-साथ माधुरी ने सैल्फ हैल्प समूह भी तैयार किए। इसी दौरान सरकार ने भी समन्वय समिति के नाम से एक सेंट्रल मार्केटिंग आउटलेट शुरू किया था, जहाँ पर ग्रामीण महिलाएँ अपने उत्पाद बेच सकती थीं। माधुरी ने शुरुआत में इकट्ठा किए गए 5000 रुपए के फंड को इन सैल्फ हैल्प समूहों की सहायता से 1,33,000 तक पहुँचा दिया, जिससे महिलाएँ छोटा-मोटा कारोबार कर सकती थीं। इस राशि से 'बगनान 1 महिला विकास सहकारी साख समिति' का जन्म हुआ। उन्होंने उन महिलाओं से वादा लिया कि वे अपने बच्चों को स्कूल भेजेंगी। इसके बाद इस समिति ने बंगालपुर की एक जीर्ण-शीर्ण स्कूली इमारत में यूनिसेफ की मदद से एक कैश काउंटर खोला और आज इस समिति की अपनी तीन मंजिला इमारत है और 1000 से ज्यादा सैल्फ हैल्प समूह इससे जुड़े हैं। आज उनके पास कंप्यूटरीकृत बैंकिंग प्रणाली है, जो पूरी तरह महिलाओं द्वारा संचालित है। इसमें नया कारोबार शुरू करने के लिए एक फीसदी, तो घरेलू जरूरतों के लिए डेढ़ फीसदी ब्याज दर पर कर्ज दिया जाता है। यह साख समिति समय पर या समय पूर्व भुगतान करने वालों को कुछ फायदा भी देती है। आज माधुरी उसी स्कूल की प्राध्यापिका हैं और इस साख समिति की चेयरपर्सन भी हैं। उन्हें इस इलाके में बांग्लादेश के मोहम्मद यूनुस की तरह सम्मान दिया जाता है, जो माइक्रो फाइनेंसिंग के लिए नोबेल पुरस्कार हासिल कर चुके हैं। माधुरी यह सब इसलिए कर पाईं क्योंकि उन्होंने ठान लिया था कि वे अपने आस-पास की महिलाओं की जिंदगी बदलकर रहेंगी।

फंडा यह है कि बदलाव की जिद के आगे शिक्षा, अनुभव और एक्सपोजर जैसे कारक भी गौण हो जाते हैं। इसीलिए कहा गया है— 'जिद करो दुनिया बदलो'।

❑

दूसरों को अपना कुछ समय देकर पाएँ ख्याति

सपनों की नगरी मुंबई में मरीन ड्राइव, जिसे क्वीन नैकलेस के नाम से भी जानते हैं, प्रेमियों के मिलने का पसंदीदा अड्डा बनता जा रहा है। यहाँ आने वाले प्रेमी जोड़े कृपाशंकर पांडे नामक एक चनेवाले के अलावा सात और चने वालों से चने खरीदकर खाते हैं। ये सभी पिछले तीन दशक से वहाँ रहते हुए विभिन्न पीढ़ियों के प्रेमियों को चने खिला रहे हैं। इस रविवार को इन चनेवालों के पास दो अनूठे लोग आए। इनमें से एक कुणाल चौधरी ज्वेलरी डिजाइनर हैं, जबकि दूसरे आकाश उबा इंवेस्टमेंट बैंकर। दोनों को संगीत से बेहद लगाव है। हर रविवार को वे मुंबई के विभिन्न जगहों पर जाकर ऐसे लोगों के समक्ष परफॉर्म करते हैं, जो आपकी और हमारी तरह खुशनसीब नहीं है और टिकट लेकर कोई कंसर्ट अटेंड नहीं कर सकते। उनकी परफॉर्मेंस अमूमन दो से ढाई घंटे चलती है। वे ऐसा पिछले 32 हफ्तों से कर रहे हैं। पांडे ने आखिर में उनसे फिल्म 'क्रांति' के गीत 'चना जोर गरम' की फरमाइश की और दोनों ने उसे निराश नहीं किया।

कुणाल गिटार बजाने के अलावा गाते भी हैं, जबकि आकाश जेंबे (तबले जैसा वाद्ययंत्र) बजाते हैं। पिछले साल उन्हें कैंसर के मरीजों के समक्ष प्रस्तुति देने के लिए आमंत्रित किया गया था। कार्यक्रम के अंत में उन्होंने मरीजों से अश्रुपूरित विदाई ली। तबसे उन्होंने तय कर लिया कि वे हर हफ्ते एक फ्री कंसर्ट करते हुए ऐसे लोगों के जीवन में खुशी लाने की कोशिश करेंगे, जो आपकी हमारी तरह

भाग्यशाली नहीं हैं। इनका उद्देश्य जानने के बाद अब तो इनकी अपने ऑफिसों में किसी सितारे जैसी ख्याति हो गई है।

केवी सिमॉन अमेरिकन होटल ऐंड मोटल एसोसिएशन (एएचएमए) के भारत में प्रतिनिधि हैं और मुंबई के एक उपनगरीय इलाके अँधेरी (पश्चिम) में रहते हैं। एएचएमए हॉस्पिटैलिटी इंडस्ट्री के लिए एक शैक्षणिक संस्थान की तरह कार्य करता है और हफ्ते में पाँच दिन चलता है। लिहाजा सिमॉन शनिवार को घरेलू कामकाज निपटाते हैं और रविवार को घर से बाहर रहते हुए उन लोगों की मदद करते हैं जो बैक ऑफिस और हाउसकीपिंग कोर्सेस के बारे में सीखना चाहते हैं। वे अँधेरी में वर्सोवा बीच से सटी झुग्गी बस्ती में रहनेवाले गरीब लोगों को यह सब सिखाते हैं, ताकि उन्हें तटीय इलाके के किसी पंचसितारा होटल में कोई ढंग का काम मिल सके। सिमॉन यह नेक काम पिछले बीस वर्षों से कर रहे हैं।

रुक्मणी रामचंद्रन मुंबई में ऑडिटर जनरल ऑफिस में एक वरिष्ठ शासकीय अधिकारी हैं। वे भांडूप में स्थित अपनी विशाल कॉलोनी से फल एकत्रित कर इन्हें हर रविवार को टाटा मेमोरियल हॉस्पिटल में जाकर कैंसर के मरीजों में बाँटती हैं। चाहे धूप हो या बरसात, रुक्मणी हर रविवार को वहाँ जरूर जाती हैं और यहाँ तक कि डॉक्टर व नर्सें भी उनके आने का इंतजार करती हैं। रुक्मणी पिछले पाँच साल से यह काम कर रही हैं। उपरोक्त दोनों शख्सियतों और कुणाल-आकाश की जोड़ी में एक बात समान है कि वे मुंबई जैसे स्वार्थी शहर में अपने इस नेक काम के लिए जाने जाते हैं, न कि अपने पेशे के लिए। पब्लिक प्लेस में लोग उनकी इज्जत करते हैं और उन्हें तरजीह मिलती है।

फंडा यह है कि हफ्ते में कुछ घंटे दूसरों को देने से व्यक्ति समाज में ऐसी ख्याति अर्जित कर सकता है, जो किसी जॉब के जरिए उसे नहीं मिल सकती। यदि आपको वास्तव में लगता है कि आपको अपनी व्यस्त जिंदगी में थोड़ा सम्मान भी अर्जित करना चाहिए, तो किसी नेक काम के लिए अपने कुछ घंटे खर्च करें। इससे आपकी जिंदगी में भले ही मामूली बदलाव आए, लेकिन सामने वाले की जिंदगी व्यापक पैमाने पर बदल जाएगी।

❑

भरोसा करने से बनेगा भरोसेमंद समाज

यह वर्ष 1993 की बात है। उस वक्त हम मुंबई व पुणे के बीच स्थित महाबलेश्वर हिल स्टेशन पहली बार घूमने के लिए गए थे। तब मेरी दो साल की बेटी फ्लेवर्ड ब्रिटैनिया डिलाइट बिस्किट बड़े चाव से खाती थी, लिहाजा हमने मुंबई से निकलने से पहले एक स्टेनलेस स्टील के डिब्बे में इन बिस्किटों के ढेर सारे पैकेट रख लिये।

महाबलेश्वर में हमने एक होटल में कमरा लिया और टैक्सी लेकर घूमने निकल पड़े। टैक्सी ड्राइवर एक सीधा-साधा आदमी था, जो हमसे सफर के दौरान बतियाना चाहता था, लेकिन हमने इसमें ज्यादा दिलचस्पी नहीं ली, क्योंकि मुझे लगा कि वह हमारे बारे में कुछ ज्यादा ही जानना चाहता है। खैर, उसने हमें आस-पास की जगहों पर घुमाकर वापस होटल पहुँचा दिया। कमरे में पहुँचकर हमें खयाल आया कि बिस्किटों से भरा डब्बा तो हमने टैक्सी में ही छोड़ दिया। मैं तुरंत बाहर भागा, लेकिन तब तक वह टैक्सी लेकर जा चुका था।

मैं वहाँ के टैक्सी स्टैंड पर पहुँचा और टैक्सीवालों को अपनी परेशानी बताई। उन्होंने मुझे भरोसा दिलाया कि स्थानीय टैक्सीवाले ईमानदार हैं और मुंबई व पुणे के टैक्सीवालों की तरह नहीं हैं (ये उनकी धारणा थी) और हमें हमारा खोया सामान जरूर वापस मिल जाएगा। बहरहाल, मुझे यह मुश्किल काम लगा, क्योंकि मैं न तो ड्राइवर का नाम जानता था और न ही मेरे पास टैक्सी का नंबर था। मेरा सोचना था कि ड्राइवर ने उस डिब्बे को अपने पास ही रख लिया होगा।

अगले दिन जब हम वहाँ पर टहलने के लिए निकले तो कुछ टैक्सीवालों ने

हमारे पास आकर पूछा कि क्या हमें अपना डिब्बा वापस मिल गया है? मैंने उनसे 'नहीं' कहा और हम आगे निकल गए। वापस लौटने पर ये टैक्सीवाले एक बार फिर हमारे पास आए। उनमें से एक (जो संभवत: उनका लीडर था) बोला, ''चिंता न करें, सर आपका डिब्बा पंचगनी के एक ड्राइवर के पास है, जिसका नाम नंदू है। वह इसे आपको लौटाना चाहता है, लेकिन उसे अब तक महाबलेश्वर की कोई सवारी नहीं मिली, लिहाजा वह यहाँ नहीं आ पाया। लेकिन वह आपको महाबलेश्वर से जाने से पहले जरूर डिब्बा लौटा देगा।''

तभी पुणे में कोई जरूरी काम आ गया और मुझे एक दिन पहले ही महाबलेश्वर से निकलना पड़ा। इन ड्राइवरों ने जब हमें देखा तो पास आकर बोले कि नंदू आज रात बस ड्राइवर को आपका डिब्बा दे देगा, जो कल सुबह तक आपको मिल जाएगा। जब हमने उन्हें अपनी योजना में बदलाव के बारे में बताया तो उन्होंने मुझसे कहा कि मैं पुणे जाते हुए रास्ते में पंचगनी से अपना डिब्बा ले सकता हूँ।

पंचगनी टैक्सी स्टैंड पर जब हमने नंदू के बारे में पूछताछ की, तो पता चला कि वहाँ के तकरीबन तमाम टैक्सीचालक हमारे और हमारे डिब्बे के बारे में जानते हैं। उनमें से एक शख्स ने हमसे थोड़ी देर रुकने के लिए कहा और भागते हुए जाकर नंदू के घर से मेरा डिब्बा ले आया। उसने इसे हमें सौंपते हुए कहा, नंदू पिछले काफी समय से यह डिब्बा आपको लौटाना चाहता था, लेकिन उसे मौका नहीं मिल पा रहा था। आज भी उसे पुणे जाना पड़ा, लेकिन जाने से पहले वह मुझे यह जिम्मा सौंपकर गया कि मैं आपको खोजकर इसे लौटा दूँ। उसकी बात सुनकर लगा कि मैंने नंदू के बारे में कितना गलत सोचा था।

फंडा यह है कि मूलत: हर इनसान अच्छा और भरोसे के लायक होता है। कई बार यह हालात और 'दुनिया भर की बुराइयाँ' ही होती हैं, जिनके चलते इनसान अपना भरोसा खो देता है। यदि हममें से हर कोई तय कर ले कि दूसरों पर हरसंभव भरोसा करेंगे तो फिर से भरोसेमंद समाज की रचना कर सकते हैं।

❑

अच्छे काम को चिल्लर कहकर खारिज न करें

यह गाथा आपके दिल को छू लेगी। इस स्वार्थी और अपने-आपमें सिमटी दुनिया में, जहाँ पर कई बार इनसानी जिंदगी की भी परवाह नहीं की जाती, वहाँ पर मुंबई की एक हाउसिंग सोसाइटी के कुछ बच्चों ने मिलकर एक भटके हुए कुत्ते की जान बचाई। इन बच्चों को ऐसा करने की प्रेरणा वर्ष 2011 में आई फिल्म 'चिल्लर पार्टी' (नितेश तिवारी और विकास बहल द्वारा निर्देशित) से मिली, जिसमें बच्चों का समूह साथ मिलकर इसी तरह एक आवारा भटकते कुत्ते को बचाता है।

9 साल का पामेरियन नस्ल का यह कुत्ता मुंबई के एक पश्चिमी उपनगरीय इलाके सांताक्रूज (पूर्व) में कुमार सोसाइटी में रहने वाले दस वर्षीय ऑरोन डी'सिल्वा को दारुण अवस्था में मिला था, जिसे सोसाइटी के चौकीदार समेत कुछ लोग मिलकर मार रहे थे। जल्द ही जैनेल डी'सिल्वा (12), पार्थ मुखर्जी (15), अनुष्का वर्मा (11), मिहिर सावंतगे (12), मिताली खांडेकर (8), अथर्व पंडित (13), निखिल दाबाले (14), और सान्या पंडित (11) जैसे सोसाइटी के अन्य बच्चे भी ऑरोन और कुत्ते की मदद के लिए आ गए। सबने मिलकर अपने इस नए दोस्त के लिए ईंटों का एक छोटा सा घरौंदा बनाया। उन्होंने उसे थोड़ा दूध पिलाया और सबकी सहमति से उसका नाम रखा गया रॉकी।

इतना ही नहीं, 8 से 15 साल के इन बच्चों ने एक ऐसा एनजीओ भी तलाशा, जो उनके इस चौपाए दोस्त के लिए घर पाने में उनकी मदद करे। तब तक वे उसके

अस्थायी बसेरे में उसकी देखभाल करेंगे। ये बच्चे पहले अपनी कॉलोनी के एक जिम्मेदार शख्स से जाकर मिले, ताकि रॉकी को कोई स्थायी ठिकाना न मिलने तक साथ रखने की इजाजत मिल सके। सोसाइटी के नियमों के मुताबिक वहाँ आवारा कुत्ते नहीं रखे जा सकते थे। बच्चे इस कुत्ते को पशु चिकित्सक डॉ. उमेश करकरे के पास भी ले गए। बच्चों के व्यवहार को देखते हुए डॉ. करकरे ने इसके घावों की मुफ्त में मरहम-पट्टी कर दी। उन्होंने इस कुत्ते की जाँच के बाद पाया कि उसकी एक आँख में मोतियाबिंद भी है, जिसका ऑपरेशन बाद में किया जाएगा।

एक खास दोस्त को खास ट्रीटमेंट तो मिलना ही चाहिए। एक स्पा ट्रीटमेंट लेने के बाद वह इतना सुंदर दिखने लगा कि कहना मुश्किल था कि यह वही आवारा भटकने वाला कुत्ता है। अब बच्चे अपने इस चौपाए दोस्त के लिए स्थायी आशियाने की तलाश में जुट गए। पहले उन्होंने कुछ पैसे जुटाने की सोची और आस-पड़ोस से 5000 रुपए इकट्ठा कर लिये।

जब मीडिया में इस चिल्लर पार्टी की स्टोरी आई, तो एक अन्य उपनगरीय इलाके में रहने वाली दो बहनों के एक परिवार ने एनजीओ से संपर्क साधा, जिसने आधिकारिक तौर पर रॉकी को अपनाने में उनकी मदद की। किसी भी परित्यक्त कुत्ते को आश्रय देने के लिए जरूरी यह है कि संभावित आश्रयदाता के साथ कनेक्शन बनाया जाए। लेकिन ऐसा कनेक्शन बनाना आसान नहीं है, जितना लगता है। एक हाउसिंग सोसाइटी की नौ बच्चों की यह चिल्लर पार्टी हमारे बंद समाज से भी संबंधित है, जहाँ पर हम उदारता या सहृदयता के तमाम दरवाजे बंद करते हुए रहते हैं और ऐसा एक भी दरवाजा खुला नहीं छोड़ते।

फंडा यह है कि हमारा जीवन उसी हिसाब से बनता है, जैसे हम काम करते हैं। किसी दूसरे का जीवन सँवारने से हमारा जीवन भी सँवरेगा। दुनिया में इससे बढ़कर कोई दूसरा आदर्श काम नहीं है और कुछ अच्छा काम करने के लिए कोई खास योग्यता या आयुसीमा भी निर्धारित नहीं होती। इसके अलावा किसी भी अच्छे काम को (चाहे वह कितना भी छोटा क्यों न हो) 'चिल्लर' (मामूली) कहकर खारिज नहीं किया जा सकता।

❑

जिंदगी को कभी दिल की आँखों से देखें

हममें से अधिकांश बेहद आपाधापी भरी तेज रफ्तार जिंदगी जी रहे हैं। हमारा ध्यान बीत चुके घटनाक्रमों में ही अटका हुआ है या हम भविष्य की अनिश्चितताओं से घिरे हुए हैं। हमारे पास इतना भी समय नहीं है कि थोड़ी देर ठहरकर बगीचे में खिलनेवाले फूलों को सूँघ सकें। ऐसी हमारी मंशा भी नहीं है। लेकिन बच्चे हमेशा वर्तमान को ही जीते हैं। यही वजह है कि मैं अपनी एक भानजी और दो भानजों से कुछ-न-कुछ सीखता रहता हूँ। सबसे ज्यादा तो यह कि वर्तमान में कैसे जिया जाए। तीनों का जन्म एक साथ हुआ है और सभी छह साल के हैं।

कुछ दिन पहले मैं उनके साथ भरी दोपहर मुंबई के जबरदस्त ट्रैफिक में कार ड्राइव कर रहा था। स्थिति यह थी कि वाहन चलने के बजाय रेंग रहे थे। तेज गरमी के कारण कार का एसी भी ठीक से कूलिंग नहीं कर पा रहा था। इन दुश्वारियों के बीच मुझे अपने गंतव्य पर पहुँचने की भी चिंता थी। वहाँ मेरा कोई इंतजार कर रहा था और मैं तय समय से लेट हो रहा था।

यही वजह थी कि पल-पल मेरी निगाह घड़ी की सुइयों पर चली जाती थी, जिसे देख मेरी साँसें ऊपर-नीचे हो रही थीं। मेरी स्थिति के विपरीत बच्चे बिलकुल शांति के साथ बैठे, खुशी-खुशी बाहर का नजारा देख रहे थे। लाल गुलमोहर के फूलों को अचंभे से देखते हुए आती-जाती कारों को गिन रहे थे। उनके लिए गंतव्य से ज्यादा यात्रा महत्त्व रखती थी।

इसी बीच बीस मिनट में मैं तीसरी बार ट्रैफिक सिग्नल पर रुका। इस दौरान मैं बमुश्किल दो किमी की दूरी ही तय कर पाया होऊँगा। अब मैं बुरी तरह से झुँझला चुका था। मुझे बिलकुल दिलचस्पी नहीं थी कि बच्चे क्या कर रहे हैं। अचानक मेरी भानजी ने कार का शीशा नीचे किया और बड़ी सी मुसकान लाते हुए किसी की तरफ देखकर हाथ हिलाया। जाहिर है कि मेरी निगाह भी उसी तरफ उठ गई। मैं जानना चाहता था कि सिग्नल पर वाहनों की लंबी कतार के बीच कौन परिचित उसे दिख गया है। मैंने देखा कि वह एक ट्रैफिक हवलदार था, जो तपती दोपहर में कुछ पल रुककर पानी के दो घूँट भर रहा था। उसने जैसे ही हाथ हिलाती मेरी भानजी को देखा, तो बदले में उसने भी हाथ हिलाया।

अब तक उसके चेहरे से थकान के निशान गायब हो चुके थे। वह मासूम बच्ची की जादुई मुसकराहट से सराबोर हो चुका था। भानजी को देखा-देखी मेरे भानजे ने भी उसकी तरफ मुसकराते हुए हाथ हिलाया। इसी बीच लाइट हरी हो गई और मेरी कार को आगे बढ़ते देख वह तेजी से हाथ हिला बच्चों को विदा देने लगा। एक साधारण सी घटना ने उसके पूरे तनाव और थकान को काफूर कर दिया था।

कुछ पलों बाद मैंने अपनी भानजी से पूछा, ''देविका, तुमने क्या सोचकर पुलिस वाले काका की ओर देखकर हाथ हिलाया?'' जवाब अप्रत्याशित था। वह बोली, ''वह इतनी धूप में बीच सड़क पर खड़े होकर ट्रैफिक को सँभालने की कोशिश कर रहा था यह मुझे बुरा लगा, तो मैंने ऐसा किया।'' यह सुनकर मैं सोच में पड़ गया कि मैंने पिछले एक हफ्ते में कितनी बार अपने सिक्योरिटी गार्ड को मुसकराकर देखा होगा, जो तेज धूप में खड़े होकर हर आती-जाती कार के लिए सोसाइटी के भारी-भरकम गेट खोलता-बंद करता है। उस दिन मैंने अपनी भानजी से बहुत कुछ सीखा। मैंने एक मुसकराहट की कीमत जानी। मैंने यह सीखा कि तमाम दुश्वारियों भरे दिन में भी कैसे एक छोटी सी बात उसे खूबसूरत याद में बदल सकती है। लेकिन सबसे ज्यादा मैंने उस घटना से दूसरों के प्रति सहानुभूति प्रकट करना सीखा।

फंडा यह है कि बहुत अच्छा रहेगा यदि हम अपनी निजी उलझनों को परे रख जिंदगी को रंगीन, सपनीली और भावनात्मक आँखों से देखें। कई मौकों पर यह नजरिया दिल, दिमाग और मन को बेहद सुकून देने का काम करता है।

❑

ड्यूटी से आगे बढ़कर करें काम

जिंदगी बचाना एक सम्माननीय आचार की पेशेवर संहिता है। हालाँकि कई बार लोग इसे नजरअंदाज कर देते हैं। कई जहाज मालिक अपने कप्तानों को इस दिशा में प्रेरित नहीं करते कि वे संकट में फँसे इनसान की मदद के लिए जाएँ। यह एक दुःखद सत्य है। 1976 में प्रशांत त्रिकन्नड मद्रास बंदरगाह के नजदीक सेकेंड शिफ्ट में टीएस कावेरी नामक जहाज का संचालन कर रहे थे। सूर्यास्त होने वाला था, तभी अचानक समुद्री तूफान उठने लगा। कुछ ही मिनटों में समुद्र की लहरें उछाल मारने लगीं और हवाओं का रुख काफी तेज हो गया। प्रशांत ने अपना जहाज मोड़ा और तट की ओर लौटने लगे, तभी उनके सीनियर बोट्स्वैन (क्वार्टर मास्टर) मुन्नुस्वामी ने एक मछलीमार नौका को समुद्री तूफान में फँसे हुए देखा, जिस पर तीन मछुआरे सवार थे।

उच्च ब्यूरोक्रेटिक व्यवस्था वाले पोर्ट मैनेजमेंट में ऐसी स्थिति में किसी आम नागरिक की जान बचाने की कारवाही नहीं की जाती। अगर की भी जाती है तो इसके बारे में कभी बताया नहीं जाता, क्योंकि इसे एक सरकारी पोत को जोखिम में डालने की तरह समझा जाएगा। प्रोटोकॉल के तहत इसके लिए क्रू को एक कमेटी से राय लेनी होगी और वही फैसला करेगी कि ऐसा किया जाए या नहीं। लेकिन चार लोगों की इस टीम ने इसकी परवाह नहीं की। उन्होंने अपने जहाज की रफ्तार धीमी की और इसे घुमाकर नौका के पास ले गए। इसके बाद क्रू ने उन तीनों मछुआरों की ओर एक सीढ़ी बढ़ाई, जिसके सहारे वे सुरक्षित उनके जहाज में आ गए तथा अपनी नौका भी उनके जहाज के साथ बाँध दी। मछुआरे सुरक्षित तट तक

आ गए और उन्होंने प्रशांत समेत अन्य क्रू मेंबर्स का शुक्रिया अदा किया। अगले साल प्रशांत ने उस पोर्ट से विदा ली। वापस लौटते समय इत्तेफाक से उनकी उन्हीं लोगों से मुलाकात हो गई, जिनकी उन्होंने समुद्री तूफान में जान बचाई थी। इन लोगों ने सहज भाव से उनको देखा और बोले, ''कैप्टेन सर, उस दिन आपने जो किया, वैसा सभी कैप्टेन नहीं करते। हमारी मौत तो निश्चित थी। वास्तव में हमारा यह जीवन आपकी ही देन है।''

वनिता कुमार के पास एक महिला ब्लड शुगर की जाँच करवाने आई थी। उसके फिजीशियन का क्लीनिक बेंगलुरु में वनिता की लैब के ठीक सामने था। उसने अपने डायबिटिक होने की बात नहीं बताई थी। वह ग्लूकोज की ड्रिप लेकर पहुँची थी और उसका कहना था कि उसे काफी कमजोरी महसूस हो रही है और इसे लेना चाहती है। डॉक्टर ने उसे वनिता की लैब में ब्लड शूगर की जाँच कराने भेज दिया। लेकिन दस मिनट के भीतर ही जब वनिता ने देखा कि ग्लूकोज का स्तर 250 मी.ग्रा. फीसदी से भी ज्यादा है, तो वह दौड़कर डॉक्टर के पास पहुँची, जो मरीज को ग्लूकोज की ड्रीप लगाने की तैयारी कर रहे थे। डॉक्टर भी यह देखकर दंग रह गए। कुछ देर बाद डॉक्टर ने लैब में आकर वनिता को रिपोर्ट लेकर तुरंत उनके पास पहुँचने के लिए धन्यवाद दिया, जिसकी वजह से उस मरीज के साथ गंभीर चूक होने से बच गई, जिसने अपना पिछला मेडिकल रिकॉर्ड उन्हें नहीं बताया था। हालाँकि वनिता का काम सिर्फ रिपोर्ट को तैयार कर मरीज का इंतजार करना था, ताकि वह उसे ले जा सके।

फंडा यह है कि अपनी जिम्मेदारियों को निभाते वक्त कभी-कभार आपको किसी की जिंदगी बचाने के लिए अपनी ड्यूटी से आगे जाकर भी काम करना पड़ता है। प्रशांत और वनिता का आज भी आभार व्यक्त किया जाता है, क्योंकि उन्होंने अपनी ड्यूटी की माँग से आगे जाकर काम किया। यह कहानी तीन दशक से ज्यादा पुरानी है और आज ये दोनों बेंगलुरु में रहते हैं।

❑

व्यवसाय सर्वजन हिताय के लिए हो

आपने कितनी हार्डवेयर दुकानों के बाहर लंबी-लंबी कतारें देखी होंगी? नब्बे के दशक की बात है। उन दिनों मैं इंडियन एक्सप्रेस अखबार के लिए काम करता था। मुझे उसके एक ब्यूरो के गठन के सिलसिले में केरल जाना पड़ा। पोनानी पहुँचकर मैंने देखा कि जबरदस्त बारिश के बावजूद एक हार्डवेयर दुकान के बाहर लंबी कतार लगी हुई है। दुकान पर किसी किस्म का कोई बोर्ड नहीं था, लेकिन अंदर रखे हार्डवेयर और दवाओं के गत्ते दिखाई पड़ रहे थे। इस दुकान के मालिक 64 वर्षीय अबूबकर दवा की पर्ची लेकर आने वालों को मुफ्त दवा वितरित कर रहे थे। अबूबकर इस मुहिम को अकेले चलाते हैं और उन्होंने इसे नाम दिया है एबीएसएस यानी अबूबकर सैल्फ सर्विस। उनका यह काम केरल के पलक्कड़, त्रिशूर और कोझिकोड के गरीब मरीजों के लिए किसी ईश्वरीय वरदान से कम नहीं है।

अबूबकर ने इस सेवा की शुरुआत एक मुसलिम सामाजिक सेवा संस्था के तहत की थी। उन्होंने 1971 में ही एक हार्डवेयर की दुकान खोल ली थी और उसी दुकान से दवाओं का मुफ्त वितरण शुरू किया। पाँच जिलों के डॉक्टरों के बीच उनकी तगड़ी पैठ है। हर सप्ताह वे अस्पतालों में जाकर दवाओं के मुफ्त सैंपल और अतिरिक्त दवा एकत्रित करते हैं। वे दवाओं को अपनी दुकान में ही रखते हैं। लेकिन जिन दवाओं को कम तापमान पर रखना होता है, वह घर के फ्रिज में रखी जाती हैं। महज दसवीं तक शिक्षा प्राप्त अबूबकर को दवाओं का अच्छा ज्ञान है।

ऐसा डॉक्टरों से नियमित संपर्क में रहने से हुआ। बची-खुची कसर उन्होंने मेडिकल जर्नल पढ़कर पूरी कर ली। इस कारण उन्हें दवाओं के बारे में गहरी जानकारी है।

अबूबकर डायबिटीज, ब्लड प्रेशर और दिल से जुड़ी बीमारियों की महँगी दवाओं को भी मुफ्त में वितरित करते हैं। उनका कहना है कि इसके एवज में लोगों के होंठों पर तैरनेवाली हँसी ही उनके लिए सबसे बड़ा प्रतिफल है। इस नि:स्वार्थ सेवा के बदले लोग उन्हें अपने परिवार का हिस्सा मानते हैं। जब दवा उनके स्टॉक में नहीं होती है, तो वे अपने पैसों से उन्हें खरीदकर मरीजों में वितरित करते हैं। साल भर में लगभग 50 हजार रुपए उनका इस काम में खर्च होता है। कुछ अन्य दानदाता भी इसके लिए उन्हें मदद देते हैं। वे कहते हैं, ''पत्नी और मेरे तीन बच्चे अच्छे से सैटल हो चुके हैं। उन्हें एबीएसएस के लिए मेरे द्वारा धन खर्च करने पर कोई आपत्ति नहीं है।'' वे अपने पास की अतिरिक्त दवाओं को सरकारी अस्पतालों में वितरित कर देते हैं। यही नहीं बाढ़ या भूकंप जैसी प्राकृतिक आपदा प्रभावित क्षेत्रों में भी वे दवाएँ उपलब्ध कराते हैं। कभी-कभी स्वास्थ्य कैंप लगानेवाली समाज कल्याण संस्थाएँ भी इसके लिए उनसे संपर्क करती हैं। वे जरूरतमंद मरीजों को चिट्ठी के जरिए विशेषज्ञ डॉक्टरों तक पहुँचाते हैं। इसी कारण डॉक्टर बिरादरी उनका सम्मान करती है। यही नहीं, इंडियन मेडिकल एसोसिएशन ने उनके सेवा भाव को देखते हुए उन्हें एक प्रशस्ति-पत्र से नवाजा है और संस्था के सदस्य डॉक्टरों से मौका पड़ने पर उनकी मदद करने को कह रखा है। पिछले दिनों मुझे किसी ने बताया कि उन्होंने अपनी इस मुहिम को पूर्णकालिक सेवा देने के लिए हार्डवेयर की दुकान से भी किनारा कर लिया है। सबसे बड़ी बात यह है कि अब एबीएसएस बगैर किसी संस्थागत मदद के काम कर रही है।

फंडा यह है कि यदि आपका व्यवसाय दूसरों के जीवन का हिस्सा बन जाता है, तो लाभ भी बढ़ जाएगा। ऐसे में व्यापार को आत्मकेंद्रित बनाने के बजाए सर्वजन हिताय सिद्धांत पर चलाएँ, यानी अपने लाभ के साथ दूसरों को भी कुछ देने की कोशिश करें।

❑

सबसे पहले हम बनें बेहतर इनसान

पहली स्टोरी : मेरे मैनेजमेंट कोर्स का वह आखिरी वर्ष था। आईआईटी, मुंबई के एक प्रोफेसर डॉ. एम एस भार्गव (जो अभी भी वहाँ एचआर का विषय पढ़ाते हैं) ने फाइनल एग्जाम से पहले हमारा टेस्ट लिया। मैं आखिरी सवाल पर आकर अटक गया। सवाल था—इस विशाल कैंपस में आपकी बिल्डिंग की साफ-सफाई करने वाली महिला का नाम बताएँ? मैंने उस महिला को कई बार देखा था, लेकिन मुझे उसका नाम कैसे पता होता? चूँकि यह क्लास टैस्ट था, लिहाजा मैंने इसकी ज्यादा परवाह नहीं की। मैंने आखिरी सवाल को छोड़ते हुए बाकी पेपर हल करने के बाद प्रोफेसर साहब को सौंप दिया। क्लास खत्म होने के बाद एक छात्र ने प्रोफेसर से पूछा कि क्या आखिरी सवाल के नंबर भी कुल प्राप्त अंक में जोड़े जाएँगे। ''बिलकुल'', प्रोफेसर ने जवाब दिया। ''आगे चलकर आप अपने कॅरियर में कई लोगों से मिलेंगे। सभी कहीं-न-कहीं अहम होते हैं। आप उनकी परवाह करें और उनको सम्मान देते हुए पूरी तवज्जो दें।''

इसके बाद हममें से हर किसी ने फाइनल की तैयारी करते वक्त यह सुनिश्चित किया कि हमें लाइब्रेरियन का नाम, चाय वाले का नाम, तमाम भृत्यों के नाम और उनकी जिम्मेदारियाँ इत्यादि मालूम रहें। हमने उन तमाम सहायक कर्मचारियों के साथ भी मेलजोल बढ़ाने की कोशिश की, जिन्होंने इस द्विवर्षीय कोर्स के दौरान हमारी मदद की थी। हमें लगता था कि वह प्रोफेसर कहीं फिर ऐसा कोई सवाल न

पूछ बैठें, जिसकी वजह से हमें अपने अंक गँवाने पड़ें, चाहे ये एक-दो नंबर ही क्यों न हों। हालाँकि फाइनल एग्जाम में ऐसा कोई सवाल नहीं पूछा गया। लेकिन आज जब हम इतने सालों बाद एलुमनी मीटिंग्स में मिलते हैं, तो तमाम कर्मचारियों को उनके नाम से बुलाते हैं। उनके बारे में मैं कह सकता हूँ कि वे सही मायनों में ह्यूमन रिसोर्स के प्रोफेसर हैं।

दूसरी स्टोरी : कुछ साल पहले न्यूयॉर्क में दिसंबर के एक बेहद सर्द दिन एक दस वर्षीय बालक एक अस्पताल के बाजू में स्थित शू स्टोर के बाहर खड़े रहते हुए खिड़की से अंदर झाँक रहा था। वह नंगे पैर था और ठंड के मारे काँप रहा था। अस्पताल के बस स्टॉप पर काफी देर से खड़ी एक महिला उस लड़के को देख उसके पास आई और बोली, ''हे भगवान्, तुम खिड़की से भीतर झाँकने में इतने खोए हुए हो कि तुम्हें पता भी नहीं चला कि मैं तुम्हारे बाजू में खड़ी हूँ।'' लड़के ने जवाब दिया, ''मैं भगवान् से प्रार्थना कर रहा था कि मुझे एक जोड़ी जूते दिला दे।'' यह सुनकर महिला ने उसका हाथ पकड़ा और स्टोर के अंदर ले गई। वहाँ पहुँचकर उसने स्टोर के एक कर्मी से लड़के के लिए आधा दर्जन जुराबें लाने के लिए कहा। इसके बाद वह महिला उस लड़के को वॉशरूम ले गई और उसके पैर धुलवाए। फिर उसने सेल्समैन से एक तौलिया लेकर लड़के से अपने पैर पोंछने के लिए कहा। तब तक वह कर्मी भी जुराबें लेकर आ गया था। उस महिला ने लड़के के पैरों में एक जोड़ी जुराबें पहनाईं और उसके लिए एक जोड़ी जूते भी खरीदे। इसके बाद उसने लड़के की पीठ थपथपाते हुए कहा, ''इनसे तुम्हें काफी आराम मिलेगा।'' जैसे ही वह जाने के लिए मुडी, उस बच्चे ने उसका हाथ पकड़ लिया और आँखों में आँसू लिये उसके चेहरे की ओर देखा और पूछा, ''क्या आपको भगवान् ने भेजा है?'' महिला ने जवाब दिया, ''मैं सिर्फ अच्छा इनसान बनने की कोशिश कर रही हूँ। कल ही एक सड़क दुर्घटना में मेरे बेटे के दोनों पैर चले गए।''

फंडा यह है कि हम इनसान किसी के लिए भी भगवान् नहीं बन सकते, चाहे हम उसकी कितनी ही भारी मदद क्यों न करें। लेकिन हम कम-से-कम खुद को अच्छा इनसान तो बना ही सकते हैं।

❑

तकनीक के बजाय इनसान पर करें भरोसा

कंपनी में कर्मचारियों की हाजिरी दर्ज कराने का कार्ड स्वाइपिंग सिस्टम नया-नया लागू हुआ था। तमाम कर्मचारियों को यह ताकीद की गई थी कि वे कंपनी में प्रवेश करते व बाहर निकलते समय अपना कार्ड स्वाइप करें। यह व्यवस्था लागू होने के प्रथम माह में शुरुआती तीन दिनों तक परीक्षण के लिहाज से स्वाइपिंग मशीन के साथ-साथ हाजिरी रजिस्टर भी रखा गया। उसके बाद कंपनी के तमाम कैडर के कर्मचारियों के लिए कार्ड को स्वाइप करना अनिवार्य कर दिया गया। लेकिन नई व्यवस्था लागू होने के 45 दिनों के भीतर ही उस विशाल अंतरराष्ट्रीय एयर लाइंस कंपनी में एक निचले वर्ग के कर्मचारी के मरने की खबर आई, जिससे प्रबंधन में हडकंप मच गया। निचले वर्ग के कर्मचारी का निधन कई लोगों के लिए भले ही खबर न हो, लेकिन उसकी जिस वजह से मौत हुई, वह जरूर चर्चा का विषय बन गया। वह कर्मचारी मार्च 2012 में पूरे 31 दिन ऑफिस आया था। लेकिन जब उसे तनख्वाह मिली, तो वह यह देखकर दंग रह गया कि उपस्थिति रिकॉर्ड में उसे 28 दिन ऑफिस से गैरहाजिर बताया गया था, जबकि तीन दिन का वेतन अनिवार्य कटौतियों में खप गया, लिहाजा उसे उस महीने एक भी पैसा नहीं मिला। उसने जरूरी पत्रक के साथ अपने उच्चाधिकारियों से संपर्क किया। लेकिन प्रबंधन ने उसकी कोई बात सुनने से दो टूक इनकार करते हुए कहा कि कंपनी के परिसर में कर्मचारी की मौजूदगी को साबित करने के लिए कार्ड की स्वाइपिंग

जरूरी थी। प्रबंधन का विवाद सिर्फ इस बात को लेकर था कि जब सभी 1387 कर्मचारियों ने कार्ड स्वाइप किया और अपना वेतन पाया, तो आखिर सिर्फ यही एक कर्मचारी इस अवस्था से कैसे बच सकता है?

हालाँकि सुपरवाइजर ने उसे धीरज बँधाते हुए कहा कि वह उसे अंतरिम राहत दिलाने की कोशिश करेगा, लेकिन उसी रोज उस कर्मचारी को दिल का दौरा पड़ा और उसकी मौत हो गई। जब उस कर्मचारी का स्वाइपिंग कार्ड उसके अंतिम निपटान संबंधी दावों के लिए प्रबंधन के समक्ष पेश किया गया, तब जाकर उन्हें पता लगा कि उसे डमी कार्ड दिया गया था, बजाय कोडेड कार्ड के, जिसमें कर्मचारियों के बारे में तमाम जानकारी होती है। इसी वजह से उस दिवंगत कर्मचारी द्वारा रोज सिस्टम में कार्ड स्वाइप करने के बावजूद कुछ भी दर्ज नहीं हुआ, क्योंकि कार्ड में कोई जानकारी थी ही नहीं।

प्रख्यात लेखक एरिक लार्सन की एक किताब है 'इसाक्स स्टॉर्म'। यह किताब अमेरिकी मौसम विभाग के एक समर्पित कर्मचारी रहे इसाक क्लाइन और वर्ष 1900 में अमेरिका के टेक्सास प्रांत के गालवेस्टन में आए चक्रवाती तूफान से जुड़े उनके अनुभव पर आधारित है। यह चक्रवाती तूफान अमेरिका में आई सर्वाधिक घातक प्राकृतिक आपदाओं में एक था, जिसके चलते पूरा शहर नक्शे से गायब हो गया और 5000 से ज्यादा लोग मारे गए थे। लेखक ने इस किताब में बताया कि उनके पास ज्यादा उन्नत तकनीक नहीं थी, इसके बावजूद कर्मचारियों ने तूफान का पता लगाने के लिहाज से बहुत अच्छा काम किया था। लेकिन उनके बॉस ने उन पर यकीन करने के बजाय तकनीक पर ज्यादा भरोसा किया, जिससे उन्हें नाकामी झेलनी पड़ी।

फंडा यह है कि इनसान ही इस दुनिया में अब तक भगवान् द्वारा निर्मित सर्वश्रेष्ठ तकनीक है। हम अपने द्वारा निर्मित मशीनों पर भरोसा करने से पहले इनसान पर भरोसा करें तो बेहतर है। याद रखें कि मशीनों को हमने ही बनाया है और वे हमसे आगे नहीं जा सकतीं।

❑

दूसरों को भी साथ लेकर आगे बढ़ें

एक अफ्रीकी जनजाति के रहन-सहन और रीति-रिवाजों के अध्ययन में लगा एक मानव विज्ञानी ज्यादातर वक्त कबीले के बच्चों से घिरा रहता था। एक बार उसने बच्चों के संग छोटा सा खेल खेलने की सोची। वह पास के कस्बे से कुछ चॉकलेट्स लेकर आया और उन्हें एक टोकरी में एक पेड़ के नीचे रख दिया। इसके बाद उसने बच्चों को बुलाकर एक खेल खेलने के लिए कहा। उसने बच्चों को समझाया कि जैसे ही वह रन कहे, उन बच्चों को पेड़ की ओर दौड़ लगानी होगी और जो बच्चा/बच्ची वहाँ सबसे पहले पहुँचेगा/पहुँचेगी, सारी चॉकलेट्स उसी की हो जाएँगी।

सभी बच्चे एक लाइन में खड़े हो गए और उसके संकेत का इंतजार करने लगे। जैसे ही उसने 'रन' कहा, सभी बच्चों ने एक-दूसरे का हाथ थामा और मिलकर उस पेड़ की ओर दौड़ पड़े। वे सब एक साथ उस पेड़ तक पहुँचे और उन्होंने वहाँ रखी चॉकलेट्स आपस में बराबर-बराबर बाँट लीं और बैठकर खुशी-खुशी खाने लगे। यह देखकर मानव विज्ञानी उनके पास पहुँचा और उनसे पूछा कि वे सब साथ मिलकर क्यों दौड़े, जबकि उनमें से कोई भी एक सबसे पहले यहाँ पहुँचकर सारी चॉकलेट्स पा सकता था। इस पर बच्चों की प्रतिक्रिया थी 'उबुंटु'। उनमें से एक बच्चा (जो मानो पूरी टीम का प्रतिनिधित्व कर रहा था) बोला, "आखिर हममें से कोई एक कैसे खुश हो सकता है, जबकि बाकी सभी दुःखी हों।"

'उबुंटु' अफ्रीकी जनजातियों का एक फलसफा है, जिसे इस तरह समझा जा

सकता है कि 'मैं जो कुछ भी कहूँ वही हम सब हैं।' डेसमंड टुटु ने 2008 में इसके बारे में कहा था, ''अफ्रीकी देशों में एक लोकोक्ति है 'उबुंटु' जिसमें इनसानियत का सार निहित है। उबुंटु खासकर इस तथ्य को रेखांकित करता है कि आप इनसान के तौर पर अलग-थलग रहते हुए अपना अस्तित्व बरकरार नहीं रख सकते। यह हमारी अंतर्संबद्धताओं के बारे में बात करता है। इनसान के तौर पर आप सिर्फ खुद तक सीमित नहीं हो सकते और जब आपके भीतर यह खूबी उबुंटु होती है, तब आप अपनी उदारता के लिए जाने जाते हैं। हम अकसर व्यक्ति विशेष के तौर पर एक-दूसरे से अलग रहते हुए सिर्फ अपने बारे में सोचते हैं, जबकि हकीकत यह है कि हम कहीं-न-कहीं आपस में जुड़े हैं और हम जो करते हैं, उससे पूरी दुनिया प्रभावित होती है। जब आप अच्छा करते हैं तो यह बाहर भी फैलता है, यह पूरी मानवता के लिए होता है।''

हमारे जैसे समाज के लिए यह समझना मुश्किल होता जा रहा है कि हरेक मानव समूह, धर्म और दर्शन में जीवन संबंधी विषयों को लेकर एक संपन्नता है। दुनियाभर के लोगों के बीच जो भी प्रत्यक्ष-अप्रत्यक्ष या सतही भेद हों, लेकिन हमें सच्चे मायनों में 'उबुंटु' होना चाहिए। यह काफी हद तक हमारी 'वसुधैव कुटुम्बकम' की विचारधारा जैसा है। हम कहते हैं, 'सर्वे भवन्तु सुखिनः सर्वे सन्तु निरामयाः। सर्वे भ्रदाणि पश्यन्तु, मा कश्चित दुःख भाग्भवेत्।' हम एक-दूसरे से कहीं-न-कहीं जुड़े हुए हैं। यही कारण है कि विभिन्न उद्यम स्थानीय लोगों को प्रशिक्षित कर उन्हें रोजगार मुहैया कराते हैं, क्योंकि आप ऐसे में मासिक वेतन आहरित नहीं कर सकते, जबकि आपके पड़ोस में किसी को दो जून की रोटी भी नसीब न हो।

फंडा यह है कि सभी समुदायों का समावेशी विकास ही एक स्थिर समाज के टिके रहने का इकलौता मंत्र है। कलियुग बुरा है, क्योंकि हमने आत्मकेंद्रित प्रवृत्ति को अपनाते हुए खुद को दूसरों से दूर रखना सीख लिया है। दूसरों के बारे में सोचें, उन्हें आगे बढ़ने दें। इस तरह आप देखेंगे कि आपराधिक मामलों में कमी आती है। जब समावेशी विकास होगा तो बलात्कार, हत्या और भाई के द्वारा भाई को मारने जैसी घटनाएँ अपने-आप कम हो जाएँगी।

❑

सुविधा के लिए होते हैं नियम-कायदे

बीते जनवरी माह में एक महिला की मौत हो गई। एक बैंक *(नाम नहीं दे रहे हैं)* ने उस महिला के क्रेडिट कार्ड पर फरवरी और मार्च महीने का बिल प्रेषित कर दिया। बिल के साथ लेट फीस समेत मासिक देय राशि का ब्याज भी जुड़ा था। महिला की मौत के वक्त क्रेडिट कार्ड की बकाया राशि शून्य रुपए थी, जो अब विभिन्न पैनाल्टी और लेट फीस के बाद छह हजार रुपए हो चुकी थी। यह देख महिला के एक परिजन ने बैंक के कर्मचारी को फोन कर उसे वस्तुस्थिति से अवगत कराना चाहा। उसके और बैंक कर्मी के बीच जो बातचीत हुई वह यहाँ सिलसिलेवार पेश है। हम बैंक कर्मी को 'बैंक' और महिला के रिश्तेदार को 'परिजन' के तौर पर निरूपित करेंगे।

परिजन : मैं आपको यह बताना चाहता हूँ कि उनकी (मृतक महिला का नाम और क्रेडिट कार्ड के डिटेल के साथ) मौत जनवरी में हो चुकी है।

बैंक : अकाउंट बंद नहीं हुआ है। लेट फीस व अन्य चार्ज तो देने पड़ेंगे।

परिजन : आप यह मामला कलेक्शन डिपार्टमेंट को भेज दीजिए।

बैंक : यह उनके पास पहुँच चुका है, क्योंकि बकाए को दो माह हो चुके हैं।

परिजन : जब उन्हें पता चलेगा कि वह दुनिया में नहीं रहीं, तो क्या करेंगे?

बैंक : मामले को फ्रॉड डिविजन भेज देंगे या क्रेडिट ब्यूरो को रिपोर्ट करेंगे।

परिजन : मैं कह रहा हूँ कि अब वह इस दुनिया में नहीं हैं, तो उसका क्या?

बैंक : आप कृपया मेरे सुपरवाइजर से बात कर लें।

(फोन पर सुपरवाइजर आता है।)

परिजन : मैं आपको यह बताना चाहता हूँ कि उनकी (मृतक महिला का नाम और क्रेडिट कार्ड के डिटेल के साथ) मौत जनवरी में हो चुकी है।

बैंक : अकाउंट बंद नहीं हुआ है। लेट फीस व अन्य चार्ज अभी भी देय हैं।

परिजन : यानी आप वसूली के लिए उनकी संपत्ति कुर्क करेंगे?

बैंक : (थोड़ा घबराते हुए) आप क्या उनके वकील हैं?

परिजन : नहीं, मैं उनका पौत्र बोल रहा हूँ।

बैंक : क्या आप उनका डेथ सर्टिफिकेट भेज सकते हैं। (बैंक कर्मी फैक्स नंबर देता है, जिस पर कुछ देर बाद सर्टिफिकेट फैक्स कर दिया जाता है)

परिजन : अब क्या करेंगे?

बैंक : हमारे यहाँ किसी ग्राहक की मौत के बाद उस पर बकाया राशि पर कोई स्पष्ट नियम नहीं है। समझ नहीं आता कि मैं आपकी मदद कैसे करूँ?

परिजन : अगर आप कोई हल सुझा सकते हैं, तो बहुत अच्छा है। अन्यथा आप बिल भेजते रहिए। उन्हें (मृतक महिला) कोई फर्क नहीं पड़ेगा।

बैंक : लेकिन लेट फीस और अन्य बकाया राशि देय मानी जाएगी।

परिजन : फिर वही? खैर, क्या आप उनका नया पता लिखना चाहेंगे?

बैंक : इससे शायद हमें मदद मिल सके। बताएँ!

परिजन : ओडिसा मेमोरियल सिमेटरी, रॉकफोर्ड चर्च के पास, नई दिल्ली।

बैंक : लेकिन यह तो कब्रिस्तान का पता है।

परिजन : आपको क्या पता नहीं है कि मरने के बाद ही लोग वहाँ जाते हैं।

अगर आपको लगता है कि यह कोई मजाक है तो आप गलत हैं। इस तरह ही किसी भी प्रतिष्ठान और ग्राहक के संबंध बिगड़ते हैं। हार्वर्ड बिजनेस रिव्यू में प्रकाशित एक सर्वेक्षण के मुताबिक शीर्ष की 2000 में से 73 कंपनियों में ऐसे नियम-कायदे अमल में लाए जा रहे हैं, जो किसी काम के नहीं हैं। उनसे न तो कंपनी का समय बचता है और न ही पैसा।

फंडा यह है कि नियम-कायदे ऐसे हों जो ग्राहक की मदद करें। साथ ही कंपनी का समय और पैसा दोनों बचाएँ। ग्राहक और संस्थान के बीच आप नियमों की जितनी ऊँची दीवार खड़ी करेंगे, उतना ही ज्यादा ग्राहकों से दूर होते जाएँगे।

❑

जाने-अनजाने कुछ अच्छा काम करें

युवाओं का एक समूह रॉक क्लाइंबिंग करने जा रहा था। उनमें से कोई भी प्रोफेशनल नहीं था, इसलिए सभी ने अपनी तरफ से किसी भी तरह की आपात स्थिति से निपटने के लिए हरसंभव तैयारी की थी। एक मेडिकल किट भी साथ रख ली गई थी। इसी समूह में शामिल थी नागपुर की बृंदा जगदेशन। बृंदा को ऊँचाई से डर लगता था। इसके बावजूद वह इस रोमांचक अभियान के लिए तैयार हो गई। नियत दिन और स्थान पर सभी लोगों ने चढ़ाई शुरू की। बृंदा भी सुरक्षा गियर बाँध डरते हुए चढ़ाई कर रही थी। कुछ देर बाद वह पहाड़ी पर थोड़ी ऊँचाई पर निकली एक मुँडेर तक जा पहुँची। उसने वहीं पर थोड़ा सुस्ताने का निर्णय किया। वह मुँडेर पर खड़ी ही हो पाई थी कि अचानक रस्सी ने एक झोल खाया और उसकी आँख से जा टकराई। इस टक्कर से बृंदा की आँख में लगा कांटेक्ट लेंस नीचे जा गिरा। समूह में शामिल किसी भी सदस्य ने कांटेक्ट लेंस की दूसरी जोड़ी रखने के बारे में नहीं सोचा था।

बृंदा जिस मुँडेर पर थी, उसके सैकड़ों फीट ऊपर-नीचे चट्टानें थीं। बृंदा ने मुँडेर पर कांटेक्ट लेंस खोजने की कोशिश की, लेकिन वह उसे नहीं मिला। घर से सैकड़ों किलोमीटर दूर बृंदा अजीब मुसीबत में फँस चुकी थी। उसे हर तरफ धुँधला-धुँधला दिख रहा था। हर गुजरते पल के साथ उसकी घबराहट बढ़ती जा रही थी। यहाँ तक कि कुछ देर बाद वह चीखने-चिल्लाने लगी। वह पहाड़ पर

ऊपर आने वाले हर व्यक्ति से कांटेक्ट लेंस को खोजने की गुजारिश कर रही थी, लेकिन वह किसी को भी नहीं मिला। सभी को पता था कि पहाड़ और जंगली पेड़-पौधों के बीच कांटेक्ट लेंस जैसी छोटी चीज ढूँढ़ना भूसे में सुई खोजने के बराबर है।

हालाँकि पहाड़ पर ऊपर आने वाला हर शख्स अपने पीछे चढ़ रहे शख्स से कांटेक्ट लेंस का ध्यान रखने को कह रहा था। इधर ऊपर बृंदा थक-हारकर मुँडेर पर ही बैठ गई। वह मन-ही-मन ईश्वर से इस मुसीबत से निकलने की प्रार्थना कर रही थी। इसी बीच वह जिस मुँडेर पर बैठी थी, उससे सैकड़ों फीट नीचे एक और मुँडेर पर बृंदा से उम्र में कहीं छोटी एक लड़की सुस्ता रही थी। अचानक वह चीखते हुए बोली, "क्या किसी का कांटेक्ट लेंस गिर गया है?" आपको पता है कि कांटेक्ट लेंस जैसी छोटी चीज पर उस लड़की की निगाह कैसे पड़ी? वास्तव में एक चींटी उस कांटेक्ट लेंस को खींचकर ले जाने की कोशिश कर रही थी। इस फेर में सूरज की रोशनी उसपर पड़ी, तो वह चमक उठा, जिसे लड़की ने देख लिया। लड़की की आवाज ऊपर चढ़ रहे कुछ और लोगों ने भी सुनी। इस तरह बृंदा तक खबर जा पहुँची कि उसका कांटेक्ट लेंस मिल गया है। इस खबर के बाद बृंदा ने राहत की साँस लेते हुए ऊपर वाले का धन्यवाद किया। वास्तव में चींटी लेंस में लगे लोशन को खाने की चीज समझकर उसे साथ ले जाने की कोशिश कर रही थी। बृंदा को कांटेक्ट लेंस मिल जाने के बाद चींटी संभवत: यही सोच रही होगी, "मुझे नहीं पता था कि मैं किसी के इतने काम की चीज खींच रही हूँ। मुझे तो इसमें कोई अच्छाई नहीं नजर आई। वास्तव में लेंस तो बेहद भारी था, लेकिन मैं तो खाने के लालच में ही इसे खींच रही थी।"

फंडा यह है कि चींटी की तरह हम इनसान भी कुछ-न-कुछ अच्छे काम जाने-अनजाने करते रहते हैं। हम भूखों को खाना खिलाते हैं, चिड़ियों के लिए पानी रखते हैं, किसी बच्चे की पढ़ाई में मदद करते हैं। इन जैसे कामों से हमें सीधे तौर पर कोई फायदा नहीं पहुँचता, लेकिन इसका प्रभाव सामने वाले पर पड़ता है। छोटी-छोटी अच्छाइयों से ही यह दुनिया चल रही है।

❑

शिष्टाचार जिंदगी भी बदल सकता है

जॉर्ज सी बोल्ट एक प्रतिष्ठित होटल में फ्रंट डेस्क पर कार्यरत एक मैनेजर था। वह होटल में आ जानेवाले मेहमानों से पूरी शिष्टता और विनम्रता से पेश आता। होटल कर्मियों के साथ भी उसका सहृदयी व्यवहार रहता था। एक रात तेज बारिश हो रही थी, जब जॉर्ज ने एक समृद्ध से दिखनेवाले दंपती को होटल में प्रवेश करते देखा। उन्हें रात भर के लिए एक कमरा चाहिए था और शहर के तमाम होटलों से उन्हें निराशा ही हाथ लगी थी। जॉर्ज ने उन्हें बेहद शालीनता से अपने होटल में भी कमरा उपलब्ध न होने की बात कही। वह दंपती मायूस होकर लौटने वाले थे कि जॉर्ज ने उन्हें अपने कमरे में रात गुजारने की पेशकश की। जॉर्ज ने उन्हें बताया कि सुबह आठ बजे तक उसकी ड्यूटी रहेगी, ऐसे में वे अगर चाहें तो उसके कमरे में रात गुजार सकते हैं।

यह सुनते ही दंपती के ओंठों पर राहत भरी मुसकान तैर गई। उन्होंने जॉर्ज को कुछ धन देना चाहा, जिसे उसने विनम्रता के साथ लेने से मना कर दिया। अगली सुबह जॉर्ज ने उन्हें चाय संग हलका-फुल्का नाश्ता पेश किया। आराम से रात काटने के कारण दंपती तरोताजा लग रहे थे। उन्होंने इसके लिए जॉर्ज को बारंबार धन्यवाद देते हुए कहा कि उसके जैसे सज्जन व्यक्ति को तो होटल का बॉस होना चाहिए। यही नहीं, उन्होंने यहाँ तक कह दिया कि एक दिन वे जॉर्ज के लिए खासतौर पर होटल का निर्माण करेंगे। वे जॉर्ज के प्रति कृतज्ञता ज्ञापित कर अपने

गंतव्य की ओर रवाना हो गए। जॉर्ज ने इसे महज तारीफ और कृतज्ञता के दो मीठे बोल के तौर पर लिया। बात आई-गई हो गई। जॉर्ज इस प्रकरण को भूल चुका था कि लगभग दो सालों बाद उसे उस दंपती की तरफ से एक निमंत्रण-पत्र मिला, जिसमें जॉर्ज से दंपती की मेजबानी स्वीकार करने का निवेदन किया गया था। पत्र के साथ न्यूयॉर्क आने-जाने का हवाई टिकट भी था। जॉर्ज नियत तारीख को न्यूयॉर्क पहुँचा। दंपती ने उसकी दिल खोलकर खातिरदारी की। अगली सुबह वे जॉर्ज को लेकर न्यूयॉर्क के सबसे महँगे इलाके में गए और एक आलीशान इमारत की तरफ इशारा करते हुए बोले, ''इस होटल का निर्माण हमने तुम्हें ध्यान में रखते हुए किया है। अब इस होटल के संचालन की जिम्मेदारी तुम्हें ही सँभालनी है।'' जॉर्ज ने इसे मजाक के तौर पर लिया और हँस पड़ा। इस पर वे सज्जन गंभीरता के साथ बोले, ''मैंने इस होटल को अपने परिवार के पुश्तैनी नाम के अनुरूप 'वैल्ड्रॉफ एस्टोरिया' नाम दिया है।'' वास्तव में उन सज्जन का नाम विलियम वैल्ड्रॉफ एस्टीर था, जो अमेरिका के एक बेहद रईस परिवार के वारिस थे। इस तरह जॉर्ज सी बोल्ट अपने समय के सबसे महँगे होटल के पहले मैनेजर के तौर पर नियुक्त हुआ। आज भी इस शृंखला के होटल दुनिया भर में प्रतिष्ठित हैं और इसकी सेवा गुणवत्ता प्रधान मानी जाती है। होटल के संचालन की जिम्मेदारी सँभालने के बाद जॉर्ज ने शिष्टता और विनम्रता से पेश आने के गुण को अपने समेत पूरे होटल स्टाफ के लिए पहला नियम बना दिया। इसी गुण के कारण जॉर्ज ने एक रात उस दंपती की मदद की थी, जिसके एवज में उसकी जिंदगी ही बदल गई।

फंडा यह है कि आपके द्वारा बरते गए शिष्टाचार से सामने वाले की आपके प्रति अच्छी राय बनती है। वह आपको अच्छे व्यक्तित्व का धनी, संस्कारवान और जीवन-मूल्यों को प्रधानता देने वाले शख्स के रूप में देखता है। यही कारण है कि कभी-कभार शिष्टता किसी का भविष्य बदलने का काम कर देती है। गौरतलब यह भी है कि किसी के साथ शिष्टता से पेश आने में हमारा कुछ जाता भी नहीं है।

❑

न सही दोस्त, किसी का सच्चा सहारा बनें

वियतनाम युद्ध के दौरान एक बारूदी सुरंग की चपेट में आने से बॉब बटलरे को अपने दोनों पैर गँवाने पड़े। युद्ध से लौटने के बाद उसका अमेरिका में नायक सरीखा स्वागत हुआ। इस घटना के बीस वर्ष बाद बॉब ने फिर सिद्ध किया कि नायक यूँ ही नहीं बनते हैं। हुआ यूँ कि गरमी की एक तपती दोपहर में बॉब एरिओजाना स्थित अपने गैराज में काम कर रहा था, तभी उसे अपने पड़ोस के घर से एक महिला के चीखने की आवाज सुनाई दी। बॉब ने बगैर एक पल गँवाए अपनी व्हीलचेयर उस घर की तरफ मोड़ दी। वह जल्द पहुँचने के लिए तेजी से व्हीलचेयर पर हाथ चला रहा था, लेकिन बेतरतीब झाड़-झंखाड़ उसका रास्ता रोक रहे थे। यह देख बॉब ने व्हीलचेयर छोड़ दी और कंकड़-पत्थर से भरे ऊबड़-खाबड़ रास्ते पर कोहनियों के बल चलने लगा। उसके मन में एक ही विचार चल रहा था कि उसे हर हाल में जल्द-से-जल्द उस महिला के पास पहुँचना है। बॉब जब पड़ोस के घर में पहुँचा, तो उसने देखा कि एक तीन वर्षीय लड़की स्टेफनी हैंस स्वींमिंग पूल में डूब रही है। उस लड़की के जन्म से हाथ नहीं थे और उसकी हालत देखकर उसकी माँ तेज-तेज चीख रही थी। बॉब ने पूल में छलाँग लगा दी और स्टेफनी को हाथों में उठाए बाहर आ गया। लड़की का चेहरा हलका नीला पड़ चुका था और उसके शरीर में किसी तरह की कोई हरकत नहीं हो रही थी।

बॉब ने उसे पूल के किनारे लिटाकर उसे कृत्रिम साँस देनी शुरू की। साथ ही

वह बच्ची का सीना भी लगातार दबा रहा था, ताकि किसी तरह से उसकी साँसें दोबारा शुरू हो सकें। इधर स्टेफनी की माँ ने एंबुलेंस को फोन कर दिया था, लेकिन वह कहीं और व्यस्त थी। हालाँकि मेडिकल टीम ने जल्द पहुँचने का वादा किया था। स्टेफनी की माँ की सिसकियाँ अभी तक रुकी नहीं थीं। यह देखकर बॉब बोला, ''चिंता न करें। मैं उसके हाथ बनकर उसे पूल से बाहर लाया हूँ। अब उसके फेफड़े बनकर उसे दोबारा जिलाऊँगा भी। आप बस धैर्य रखिए।'' कुछ पलों बाद स्टेफनी ने अपनी आँख खोल दीं और मुँह से पानी फेंक जता दिया कि वह अभी जीवित है। यह देखकर स्टेफनी की माँ ने बच्ची को गले से लगा लिया। कुछ देर बाद स्टेफनी की माँ ने बॉब से पूछा कि उसे कैसे मालूम था कि वह स्टेफनी को बचा सकेगा?

इस प्रश्न के जवाब में बॉब ने कहा, ''मुझे भी नहीं मालूम था कि मैं अपने प्रयासों में सफल रहूँगा। मैंने तो सिर्फ स्टेफनी से वही कहा, जो वियतनाम युद्ध के दौरान एक बच्ची ने मुझसे कहा था।'' बॉब ने उसे किस्सा सुनाया, ''युद्ध के दौरान मेरा पैर बारूदी सुरंग पर पड़ा और उसके बाद मैं अपने होश खो बैठा। कुछ देर बाद जब मुझे होश आया, तो वहाँ पड़ी ढेरों लाशों के बीच मैं अकेला था। फिर मुझे अहसास हुआ कि मुझे एक वियनामी लड़की अपने छोटे-छोटे हाथों से खींच रही है। उसने टूटी-फूटी अंग्रेजी में मुझसे कहा था, 'फिक्र मत करो। सब ठीक हो जाएगा। मैं फिलहाल तुम्हारे पैर की तरह हूँ।' तभी मैं फिर बेहोश हो गया। उसके बाद जब मुझे होश आया, तो मैं गाँव के एक घर में था। वह लड़की मेरे पास थी और मेरे घावों की मरहम-पट्टी हो चुकी थी। आज मैं जैसा भी हूँ, उसकी वजह से हूँ। जब मैंने स्टेफनी को पूल में डूबते देखा तो मैंने वही कुछ करना चाहा, जो वियतनाम में उस नन्ही बच्ची ने मेरे साथ किया था। मुझे विश्वास था कि उस लड़की की नेकी का प्रतिफल स्टेफनी को जरूर मिलेगा।''

फंडा यह है कि कभी-कभी जीवन में ऐसा समय आता है, जब हम अकेले कुछ नहीं कर सकते। ऐसे समय जरूरत पड़ती है कि कोई हमारे हाथ या पैर के तौर पर हमारी मदद करे। कोई हमारा सच्चा मददगार बनकर सामने आए।

❑

नेकी का फल हमें जरूर मिलता है

शर्ली गोम्स को तेज बुखार था। कई डॉक्टरों ने जाँच की, लेकिन कोई भी तेज बुखार की जड़ तक नहीं पहुँच सका। इसके बाद उसे गंभीर हालत में अस्पताल में भरती कराया गया। अस्पताल प्रबंधन ने शर्ली की हालत देखते हुए अपने कंसल्टेंट डॉक्टर हॉवर्ड कैली से तुरंत संपर्क साधा। डॉ. कैली ने जेसे ही शर्ली के शहर का नाम सुना, उनकी आँखों में एक चमक सी उभरी। वे अपने केबिन से निकलकर वार्ड की ओर चल दिए। उन्होंने शर्ली को देखते ही पहचान लिया, लेकिन बगैर कुछ बोले अन्य डॉक्टरों से राय-मशविरा करने लगे। वे मन-ही-मन ठान चुके थे कि उन्हें शर्ली की जान हर कीमत पर बचानी है। अंततः उनके प्रयासों से कुछ दिनों बाद शर्ली ठीक हो गई।

शर्ली को जिस दिन डिस्चार्ज होना था, डॉ. हॉवर्ड ने अस्पताल के अकाउंट सेक्शन से कहा कि वे फाइनल बिल मंजूरी के लिए उनके पास भेज दें। बिल आने पर उन्होंने उसे देखा और ऊपर की तरफ एक टिप्पणी लिखकर एक कॉपी शर्ली और दूसरी कॉपी पर कुछ और लिखकर अकाउंट सेक्शन को भेज दी। इधर अस्पताल के वार्ड में घर लौटने की तैयारी कर रही शर्ली बिल को खोलने से हिचक रही थी। उसे अंदाजा था कि बिल बेहद भारी-भरकम होगा, जिसे चुकाने में ही उसकी बाकी की जिंदगी गुजर जाएगी। अंततः उसने हिम्मत करके बिल को लिफाफे में से निकाला, उसमें दर्ज राशि उसकी सोच के अनुरूप ही थी। उसकी निगाह बिल के ऊपर लिखे वाक्य 'एक गिलास दूध के एवज में बिल चुका दिया गया है—डॉ. हॉवर्ड कैली' पर पड़ी। शर्ली इस वाक्य को बिलकुल नहीं समझ सकी। वह और

उसके रिश्तेदार पेमेंट सेक्शन पहुँचे। वहाँ उन्हें पता लगा कि उनके बिल का पूरा भुगतान हो चुका है। उनसे कहा गया कि अगर उन्हें बिल से जुड़ी कोई चर्चा करनी है, तो वे डॉ. कैली से उनके केबिन में मिल सकते हैं।

इसके पहले शर्ली और उसके परिजन डॉ. कैली के केबिन की तरफ जाते, वे वहाँ स्वयं आ गए। उन्होंने अपना परिचय दिया और सभी को लेकर अपने केबिन में पहुँच गए। वहाँ उन्होंने तीस साल पहले का एक घटनाक्रम बयान किया। डॉ. कैली ने एक ऐसे बच्चे के बारे में बताया, जो घर-घर जाकर सामान बेचता था। एक दिन वह सामान बेचते हुए स्कूल जा रहा था कि उसे तेज भूख लगी। उसके पास भरपेट भोजन करने लायक पैसे नहीं थे। अपनी स्थिति को समझते हुए वह एक घर के सामने पहुँचा और उसने झिझकते हुए दरवाजा खटखटाया। दरवाजा खोलने वाली आकर्षक महिला को देखकर वह बजाय भोजन के एक गिलास पानी ही माँग सका।

लेकिन महिला को लगा कि वह भूखा भी है, तो उसने बालक को एक बड़ा गिलास दूध लाकर दिया। उसने घूँट-घूँट भरकर दूध पिया और पूरा खत्म करने के बाद बोला, ''मैं आपका किस तरह से अहसान चुकाऊँगा?'' इस पर वह महिला बोली, 'इसकी जरूरत नहीं है। मेरी माँ ने सिखाया है कि हमें किसी के प्रति करुणा दिखाने के बाद बदले में कुछ नहीं माँगना चाहिए।'' इस पर वह बालक महिला का तहेदिल से शुक्रिया कर चला गया। यह घटना सुनकर शर्ली की आँखों में वह पूरा दृश्य कौंध गया। वह अपनी हैरानी दबाते हुए बोली, ''लेकिन यह सब आपको कैसे मालूम है?'' इस पर डॉक्टर ने जवाब दिया, ''उस दिन दूध पीकर नई स्फूर्ति प्राप्त कर स्कूल जाने वाला वह बालक कोई और नहीं, मैं ही था।''

फंडा यह है कि नेकी का बदला सूद समेत जरूर मिलता है। किसी ने सही ही कहा है कि अच्छे काम बुराई की तुलना में कहीं ज्यादा तेजी से फैलते हैं।

❑

शालीन बर्ताव का पाएँ अच्छा प्रतिफल

जिग जिगलर का जन्म 6 नवंबर, 1926 को अमेरिका के अल्बामा में हुआ। उनके पिता जॉन सिलास जिगलर और माँ वायोला की बारह संतान थीं, जिनमें जिग का नंबर दसवाँ था। जब वह पाँच वर्ष का था, तो उसके पिता को मिसीसिप्पी में अच्छी नौकरी मिल गई। इस तरह पूरा जिगलर परिवार मिसीसिप्पी के याजू शहर में आकर बस गया। जिग का अधिकांश बचपन वहीं बीता। 1932 में जिग के पिता का देहांत हो गया और कुछ दिन बाद ही जिग की छोटी बहन भी चल बसी। जिग समेत उसके अन्य भाई-बहन इतने बड़े नहीं थे कि बाहर जाकर कोई काम कर सकें। ऐसे में वे घर में मौजूद पाँच गायों का दूध और मक्खन समेत बगीचे में उगने वाली सब्जियों को बेचकर अपना जीवन-यापन करने लगे।

जिग ने आठ साल की उम्र से गाय दुहना शुरू किया था। वह दूध दुहने की पूरी प्रक्रिया को लिपिबद्ध भी करता था। इसमें गाय के दूध की मात्रा, उसके व्यवहार सरीखी हर छोटी-बड़ी बात का जिक्र होता। 1944 में जिग की मुलाकात जीन से हुई, जो 1946 में उसकी पत्नी बनीं। जिग ने द्वितीय विश्वयुद्ध के दौरान नौसेना में भी नौकरी की। इसके बाद वह कई कंपनियों में बतौर सेल्समैन काम करता रहा। 1968 में वह डलासकी ऑटोमोटिव परफॉर्मेंस कंपनी में वाइस प्रेसिडेंट और ट्रेनिंग डायरेक्टर बन गया। अब जिग ने बचपन में लिपिबद्ध अनुभवों को किताब की शक्ल देनी शुरू की। अब तक जिग की 31 किताबें प्रकाशित हो चुकी

हैं। एक किताब 'बॉर्न टू विन' में जिग ने गाय दुहने से जुड़े अपने अनुभवों को विस्तार दिया है।

इस किताब में जिग ने लिखा कि गाय दूध नहीं देती है, बल्कि एक-एक बूँद के लिए दुहने वाले को जद्दोजहद करनी पड़ती है। जिग के मुताबिक दूध दुहने के दौरान आप गाय के साथ जैसा व्यवहार करते हैं, उसी के सापेक्ष मात्रा और गुणवत्ता में दूध प्राप्त होता है। अगर आप गाय के साथ बुरा व्यवहार करते हैं, तो प्राप्त दूध की मात्रा न सिर्फ कम होगी, बल्कि वह स्वाद में भी अच्छा नहीं होगा। इसकी वजह गाय में आपके प्रति पनपा रोष होता है। इसी किताब में जिग कहते हैं, 'मैं यह नहीं कहता कि आप गाय से हरदम लाड़ करें। इसके बजाए आप उससे अच्छे से तो पेश आ ही सकते हैं। उसकी पीठ थपथपा सकते हैं। इस तरह गाय से अधिकतम मात्रा में अच्छी गुणवत्ता का दूध प्राप्त किया जा सकता है।' जिग के मुताबिक गाय से प्यार करना उन्हें उनकी माँ ने सिखाया।

गाय से किए जाने वाले व्यवहार की तुलना कर्मचारियों से करते हुए जिग ने काफी कुछ उस किताब में लिखा है। वे कहते हैं कि कर्मचारियों से अच्छे से पेश आएँ। उनका सम्मान करें और उनके योगदान को सराहें। इसकी प्रतिक्रियास्वरूप वे भी आपको अच्छा प्रतिफल देंगे। वे कठिन परिश्रम करेंगे और कंपनी के लिए अपनी उत्पादकता बढ़ाने का प्रयास करते रहेंगे। इसके विपरीत अगर आप उनसे डाँट-डपट से काम लेते हैं, तो वे अपना सर्वश्रेष्ठ प्रदर्शन नहीं कर सकेंगे। इसके बारे में विचार करें। 2007 में विमान की सीढ़ियों से गिर जाने के कारण शॉर्ट टाइम मेमोरी लॉस से जुड़ी समस्याओं से पीड़ित होने के बावजूद जिग 2010 तक दुनिया भर में घूम-घूमकर मोटिवेशनल सेमिनार में भाग लेते रहे।

फंडा यह है कि जीवन में पेश आने वाली प्रत्येक घटनाओं को कहीं-न-कहीं लिखते रहें। आप नहीं जानते कि कब वे अनुभव आपके काम आ जाएँ। हमारे देश में लोग अकसर कहते हैं, 'मेरे साथ जानवरों जैसा बर्ताव नहीं करो।' लेकिन दुनिया के कई हिस्सों में इससे उलट सिद्धांत पर काम होता है। वहाँ जानवरों के साथ इनसानों जैसा शालीन बर्ताव किया जाता है।

सच्चे मन से माँगने पर मिल ही जाती है मदद

जून की एक सुबह काउंसलर मीशेल अर्नाविज चाहकर भी अपनी धड़कनों को काबू में नहीं रख पा रही थीं। उस दिन वे अपनी बेटी की शादी की तैयारियों में व्यस्त थीं, जो अगले दिन चालीस मील दूर स्थित चर्च में होने वाली थी। वे सोच रही थीं कि अगर उनकी आर्थिक स्थिति ठीक होती, तो वह तैयारियों को कहीं अच्छे से अंजाम दे पाती। वे स्वयं को एक जरूरतमंद के तौर पर देख रही थीं। उनके बेटे जैक का कहना था कि वह शादी के दिन सीधे चर्च पहुँचेगा और पिता से जुड़ी रस्मों को निभाएगा। जैक के पिता का देहांत कुछ साल पहले हुआ था। पैसे बचाने के लिए मीशेल ने अपने कुछ दोस्तों से मैग्नोलिया फूलों के गुच्छे माँगकर एक खूबसूरत गुलदस्ता तैयार किया था। बाकी सारी तैयारी हो चुकी थी। उनकी बेटी पेट्सी को उसकी ब्राइडमैड्स की भूमिका निभाने वाली सहेली सजाने-सँवारने में मदद करने वाली थीं। अगले दिन मीशेल अपने होने वाले दामाद टिम के साथ चर्च के हॉल का जायजा लेने पहुँचीं। उनके हाथों में फूलों का गुलदस्ता था। जैसे ही मीशेल ने हॉल का दरवाजा खोला, वैसे ही तेज गरम हवा के झोंके ने गुलदस्ते को बदरंग कर दिया। एसी खराब होने के कारण हॉल के अंदर जबरदस्त गरमी थी। अब अर्नाविज पसोपेश में थीं। उनके पास इतने पैसे नहीं थे कि वे नया गुलदस्ता खरीद लें। यह भी संभव नहीं था कि वे वापस चालीस मील दूर अपने गृहनगर जाकर दोस्तों से दोबारा फूल माँगकर गुलदस्ता तैयार करें। अकेले गुमसुम खड़ी

मीशेल ने अचानक हाथ उठाकर ईश्वर से प्रार्थना की। उन्होंने कहा, ''हे ईश्वर। मैं इस शहर में किसी को नहीं जानती। कुछ ऐसा करो कि मुझे मैग्नोलिया के फूल मुफ्त में मिल जाएँ।''

इसके बाद वह चर्च से निकलकर आसपास मैग्नोलिया के फूलों की तलाश करने लगीं। कुछ ही दूर उन्हें एक घर दिखा, जहाँ मैग्नोलिया के फूल लगे थे। उन्होंने दरवाजा खटखटाया और सामने आए वृद्ध शख्स से फूल देने की इल्तिजा की। वृद्ध खुशी-खुशी फूल देने को तैयार हो गया। फूल मिलने के बाद मीशेल ने उस वृद्ध से कहा, ''आप नहीं जानते कि आपने एक माँ को कितनी खुशी दी है।'' यह सुनकर वह वृद्ध बोला ''ऐसी बात नहीं है। आपको नहीं मालूम है कि ऐसा क्यों घटित हुआ?'' मीशेल द्वारा कारण पूछने पर वह वृद्ध बोला, ''मेरी पत्नी का 67 वर्ष की उम्र में पाँच दिन पहले ही निधन हुआ। इस गम के मौके पर मुझे सांत्वना देने कई नाते-रिश्तेदार आए। मेरा बेटा भी सपरिवार आया। अंतिम क्रियाकर्म के बाद एक-एक करके सभी चले गए और मैं इस घर में अकेला रह गया। आज सुबह इस अकेलेपन से उकताकर मैं लगभग रोते हुए ईश्वर से बोला कि मेरी पत्नी पिछले 16 साल से बीमार थी। इस दौरान देखभाल के लिए उसे मेरी जरूरत पड़ती थी, लेकिन उसके जाने के बाद क्या किसी को भी मेरी जरूरत नहीं रह गई है? क्या मैं किसी के काम नहीं आ सकता? तभी अचानक दरवाजे पर दस्तक हुई और मेरे सामने आप थीं और आपने मुझसे कुछ माँगा, जो मैं दे सकता था।'' इसके बाद उस वृद्ध ने मीशेल से पूछा, ''क्या आप देवदूत हैं?'' मीशेल के इनकार पर वह बोला, ''आपको मैग्नोलिया के फूल देते वक्त मैं सोच रहा था कि मेरी जरूरत अभी भी इस दुनिया में है। मैंने सोच लिया है कि अब मैं मैग्नोलिया के फूलों को हर जरूरतमंद को दूँगा। इसके साथ ही अपना समय ईश्वर की सेवा में लगाऊँगा, जब तक कि वह मुझे अपने पास नहीं बुला लेता।''

फंडा यह है कि सच्चे मन से की गई प्रार्थना कभी बेकार नहीं जाती। ईश्वर किसी-न-किसी तरह से, किसी-न-किसी को भेजकर जरूरतमंद की मदद जरूर करता है।

❑

धन के बगैर भी हो सकती है समाजसेवा

पहली स्टोरी : आईआईटी से पढ़कर निकले अक्षय सक्सेना और कृष्णा रामकुमार अमेरिका में एक बहुराष्ट्रीय कंसल्टेंसी फर्म में कार्यरत थे। 2010 में उन्होंने यह नौकरी छोड़कर वंचित तबके के छात्रों को आईआईटी प्रवेश परीक्षा की तैयारी कराना शुरू किया। आज छह और आईआईटी ग्रेजुएट्स देशभर में 250 ऐसे बच्चों को आईआईटी प्रवेश परीक्षा पास कराने की तैयारी करा रहे हैं, जो महँगी कोचिंग नहीं ले सकते हैं। अवंति फैलो प्रोग्राम का हिस्सा बने ये बच्चे कानपुर, रुड़की, देहरादून, चेन्नई, दिल्ली और मुंबई के रहने वाले हैं। गौरतलब है कि हर साल आईआईटी प्रवेश परीक्षा में पाँच लाख से अधिक छात्र बैठते हैं, लेकिन सफलता महज दो फीसदी को ही मिलती है।

दूसरी स्टोरी : सभी जानते हैं कि पाकिस्तान के पूर्व डिप्टी अटॉर्नी जनरल मोहम्मद खुर्शीद खान को धार्मिक सद्‌भाव के तहत स्वर्ण मंदिर और ऐसे ही भारतीय तीर्थस्थानों पर 'सेवा' करना काफी महँगा पड़ा। उन्हें इसकी कीमत अपना पद गँवाकर चुकानी पड़ी है। लेकिन 27 वर्षीय अर्चना अहिरे मुंबई के बेहद व्यस्त छत्रपति शिवाजी टर्मिनस यानी सीएसटी स्टेशन के विभिन्न प्लेटफॉर्म की साफ-सफाई में किसी प्रायश्चित्त के चलते योगदान नहीं दे रही हैं। वह तो वास्तव में 350 अन्य महिलाओं द्वारा शुरू किए गए एक आंदोलन का हिस्सा हैं। ये महिलाएँ हाथ में झाड़ू और पोंछा लेकर सार्वजनिक स्थानों को साफ बनाए रखने के लिए 'श्रमदान'

कर रही हैं। रोचक बात यह है कि ये सभी महिलाएँ घरेलू परिचारिका या मजदूरी का काम करती हैं। इन्होंने मुंबई को स्वच्छ बनाने के लिए यह अभियान शुरू किया है। इसके पहले उन्होंने एक सरकारी अस्पताल को साफ करने का बीड़ा उठाया था। यह आसान काम नहीं था, लेकिन आज इनके प्रयासों से अस्पताल में भरती मरीजों के परिजन यहाँ-वहाँ गंदगी फैलाने से पहले सौ बार सोचते हैं। स्थानीय प्रशासन जो काम आर्थिक दंड लगाने के बाद भी नहीं कर पाया, इन महिलाओं ने महज नसीहत देकर और स्वयं पहल करके कर दिखाया।

तीसरी स्टोरी : अब श्रमदान के एक और रूप पर गौर फरमाएँ। राजश्री पाटील ने दसवीं कक्षा में 91 फीसदी अंक हासिल किए। अपनी इस उपलब्धि पर वह खुश भी थी और दुःखी भी। खुशी इतने बढ़िया अंक लाने की, तो दुःख आर्थिक तंगी के कारण किसी कॉलेज में प्रवेश नहीं ले पाने का था। उसके परिवार का एकमात्र कमाऊ सदस्य एक घर में नौकर है, जिसके लिए पॉलीटेक्निक में प्रवेश के लिए 2532 रुपए जुटाना लगभग असंभव था।

पॉलीटेक्निक कॉलेज में ही प्रोफेसर रूपेश गिसोता को राजश्री के बारे में पता चला, जो संयोग से लीड (लव, एजुकेशन, एस्पिरेशन ऐंड चेंज डेस्टिनी) संस्था के संस्थापक सदस्य भी हैं। यह संस्था शोषित-वंचित तबके के उन छात्र-छात्राओं की मदद करती है, जो आगे पढ़ाई करना चाहते हैं, लेकिन उनके पास आर्थिक संसाधन नहीं हैं। रूपेश के प्रयासों से राजश्री को कॉलेज में प्रवेश दिलाया गया और उसकी पहले साल की फीस भी जमा कर दी गई। संस्था की अपील पर राजश्री के आगे की पढ़ाई के लिए भी धन की व्यवस्था की गई। राजश्री ने भी अपने आप से वादा किया है कि पढ़ाई के बाद नौकरी मिलने पर वह अपने जैसे आर्थिक स्तर पर कमजोर छात्र-छात्राओं की मदद करेगी।

फंडा यह है कि नेक काज किसी भी समाज को महान् बनाते हुए उसे परस्पर बाँधने का काम करते हैं। यही नहीं, अच्छे काम का प्रतिफल भी मिलता है। न सही हमें, बल्कि हमारे समाज को तो मिलता ही है। सबसे बड़ी बात, इस तरह के 'श्रमदान' के लिए जेब से रुपया भी खर्च नहीं करना पड़ता।

❑

सिलवटों वाली पैकिंग में होते हैं यादगार तोहफे

पिछले माह मुंबई की उपनगरीय पश्चिमी रेल सेवा के मोटरमैन हड़ताल पर चले गए। इस कारण लाखों लोग अपने-अपने गंतव्य तक पहुँचने के लिए सड़कों पर उतर आए। गंभीरता को भाँपते हुए स्थानीय एफएम रेडियो चैनलों ने कार मालिकों से यहाँ-वहाँ फँसे लोगों की मदद के लिए गुहार लगाई। आदर्श नागरिक की जिम्मेदारी को समझते हुए लागों ने अपने फोन नंबर एफएम चैनलों को प्रेषित कर दिए। इनमें से मैं भी एक था। कुछ देर बाद मेरे पास एक एसएमएस आया, जिसमें बताया गया पता कोलाबा में एक बिल्डिंग का था। वहाँ रहने वाली महिला को बांद्रा जाना था और इस रास्ते के बीच पड़ने वाले पवई में ही मेरा घर है। मैं उस महिला को ले जाने के लिए सहर्ष तैयार हो गया।

मैं कोलाबा में बताए गए पते पर पहुँचा और एक फ्लैट की कॉलबेल बजाई। भीतर से बेहद क्षीण सी आवाज आई और कई मिनटों बाद दरवाजा खुला। मेरे सामने ठिगने कद की अस्सी के वय की महिला खड़ी थी, जिसने सत्तर के दशक की हिंदी फिल्मों की तर्ज पर प्रिंटेड साड़ी पहन रखी थी। उसके पास ही एक छोटा सूटकेस रखा था। ऐसा लगता था कि उस अपार्टमेंट में कोई रहता नहीं है। सारा फर्नीचर सफेद चादर से ढका हुआ था। कोने में एक बॉक्स जरूर रखा था, जिसमें ढेर सारी फोटो भरी हुई थीं।

उस महिला ने मुझसे पूछा, ''क्या तुम मेरा सूटकेस उठा सकते हो?'' मैंने

एक हाथ में सूटकेस पकड़ लिया। उसने मेरा दूसरा हाथ थामा और हम सधे कदमों से कार की तरफ बढ़ गए। वह मुझे बारंबार धन्यवाद दे रही थी। मैंने विनम्रता से कहा, ''ऐसा कुछ नहीं है। मैं बस मुंबईकर होने के नाते मदद की कोशिश कर रहा हूँ।'' इस पर उन्होंने कहा, ''तुम बेहद अच्छे हो।'' कार में बैठने के बाद उन्होंने मुझे एक परची दी और बोलीं, ''क्या तुम इन सड़कों से होते हुए चल सकते हो?'' मैंने परची देखने के बाद कहा कि ये शॉर्टकट तो नहीं है। वे बोलीं, ''जानती हूँ, लेकिन पता नहीं फिर मैं दोबारा इन्हें देख पाऊँगी या नहीं?'' मैंने रियर व्यू मिरर में उनकी आँखों में उतर आई नमी को देखा। वे फिर बोलीं, ''मेरे परिवार में कोई नहीं बचा है। डॉक्टरों ने भी कह दिया है कि मैं ज्यादा वक्त की मेहमान नहीं हूँ।''

अब कुछ कहने-सुनने को नहीं बचा था। मैं उनके बताए रास्तों पर कार ड्राइव करने लगा। चार घंटे के इस सफर में वे मुझे हर जगह से जुड़ी यादों के बारे में बताती रहीं। अंततः हम उनके गंतव्य तक पहुँचे, जो वास्तव में एक वृद्धाश्रम था। वहाँ इतजार कर रहे कुछ लोगों ने उन्हें कार से उतारकर व्हील चेयर में बैठाया। वे मुझसे बोलीं, ''मैं तुम्हारी बहुत आभारी हूँ बेटा।'' पता नहीं क्यों यह सुनते ही मैंने झुकते हुए उन्हें अपनी बाँहों में भरा। उन्होंने मुझे लगभग अपनी बाँहों में भींचते हुए कहा, ''तुमने एक बूढ़ी औरत को कुछ पल बेशकीमती खुशी के दिए हैं। धन्यवाद।''

एक बार लगा कि मुझे उन्हें अपने घर डिनर पर आने के लिए कहना चाहिए। फिर संकोचवश चुप रहा और उनके बारे में सोचता हुआ घर लौट आया। लेकिन कल मेरी नजर अखबार के श्रद्धांजलि वाले कॉलम पर पड़ी, जिसमें उनके निधन की सूचना के साथ उनका फोटो छपा था। यह देख मैंने गुस्से के साथ अखबार को मसलकर फेंक दिया। मैं वह पूरा घटनाक्रम याद करने लगा। उनकी झुर्रीदार त्वचा को याद करते हुए मुझे लगा कि जीवन के कुछ बेहतरीन पल सिलवटों के साथ भी आते हैं।

फंडा यह है कि हमारे जीवन में अनजाने में और अचानक ही कुछ बेहतरीन पल आते हैं। दूसरों के लिए भले ही वह छोटी बात हो, लेकिन वह हमें जिंदगी भर की याद दे जाते हैं। दुर्भाग्य से हम अपनी जिंदगी को बड़ी घटनाओं के कारण ही याद रखते हैं। हकीकत में ऐसा है नहीं।

❑

परोपकार सिर्फ पैसों से ही नहीं होता

दो वक्त की रोटी का जुगाड़ करने के लिए कचरा बीननेवाले किसी शख्स से आप किसी तरह की समाजसेवा या दान-धर्म की उम्मीद कैसे कर सकते हैं? आखिर उसे कूड़ेदान में मिलता भी क्या होगा? लेकिन चीनी समाचार-पत्र यंझाओ मेट्रो डेली के मुताबिक 88 वर्षीय लोउ जियाओइंग पिछल चार दशक से जिन्हुआ की सड़कों पर कचरा बीनती आ रही है और उसने इस दौरान कचरे में फेंके गए 30 से अधिक बच्चों को बचाया है। अपने पति की मदद से लाउ ने कचरे के ढेर से उठाए गए बच्चों में से छह की परवरिश खुद की, जबकि शेष को उसके परिचितों और रिश्तेदारों ने पाला। 17 साल पहले लोउ के पति का देहांत हो चुका है।

लोउ फिलहाल हार्ट और किडनी संबंधी समस्या से जूझ रही है। हालाँकि उसने जिस काम को इतने लंबे समय से चुपचाप अपने बल पर अंजाम दिया, अब न सिर्फ उसे पहचान मिल रही है, बल्कि मदद को सैकड़ों हाथ भी बढ़ रहे हैं। लावारिस नवजात बच्चों को बचाने के सिलसिले की शुरुआत को याद करते हुए लोउ बताती है, ''1972 में पहली बार मुझे एक बच्ची कचरे के ढेर में मिली। अगर हमने उसे वहाँ से न उठाया होता, तो वह मर जाती। उसे बड़े होते देखने का अनुभव बहुत सुखद रहा। हमने सोचा कि यदि हम कचरा बीनकर उसे रिसाइकिल करने के लिए बेच सकते हैं, तो उसी ढेर से किसी जीवन को बचा भी सकते हैं।'' लोउ की अपनी भी एक बेटी है। इसके बावजूद उसने 82 साल की उम्र में बतौर

छठी संतान एक लड़के को कचरे के ढेर से उठाकर अपनाया। इस पर वह कहती है, ''अब उम्र भी साथ छोड़ रही है, लेकिन मैं उस नन्हे फरिश्ते को कचरे के ढेर में मरने के लिए नहीं छोड़ सकती थी।'' अब यह लड़का सात साल का हो चुका है, जिसे लोउ और अन्य लोग क्लिंग के नाम से पुकारते हैं।

लोउ द्वारा कचरे से उठाई बच्चियों में से एक झैंग जुजू अब 33 वर्ष की हो चुकी है। झैंग के मुताबिक जबरदस्त गरीबी के बावजूद लोउ ने अपने गोद लिये हुए बच्चों को हरसंभव अच्छी जिंदगी देने की कोशिश की। झैंग ने यह भी बताया कि बच्चों का पेट भरने के लिए लोउ दिन भर में दो-तीन बार कचरा बीनने जाती थी। बीमार पड़ने के बावजूद लोउ की यह दिनचर्या अप्रभावित ही रही, जब तक उसने बिस्तर नहीं पकड़ लिया।

चीन की सरकारी समाचार एजेंसी शिन्हुआ के मुताबिक गंभीर रूप से बीमार पड़ने के बावजूद लोउ अब भी अपने गोद लिये हुए बच्चों के बारे में ही सोचती है। बीमारी के फेर में लोउ अब बोलने और हिलने-डुलने में लगभग असमर्थ हो चुकी है। एजेंसी के मुताबिक इस स्थिति पर लोउ कहती है, ''मेरे पास अब ज्यादा दिन नहीं बचे हैं, लेकिन मैं क्लिंग को स्कूल जाते हुए देखना चाहती हूँ। इसकी वजह है कि इस तरह मुझे मरने के बाद क्लिंग को लेकर किसी तरह का कोई पछतावा नहीं रहेगा।'' गौरतलब है कि लोउ अपने तीन बड़े बच्चों को स्कूल नहीं भेज सकी। हालाँकि झैंग और एक अन्य गोद ली हुई लड़की को उसने जूनियर हाईस्कूल तक शिक्षा दिलाई। लोउ की इस संवेदनशीलता ने उसे चीन में नायिका सरीखा दरजा दिलाया है। यहाँ तक कि अब उसके द्वारा शुरू किए गए इस मिशन को पूरा करने के लिए मदद के हाथ भी बढ़ने शुरू हो गए हैं। लोउ के उपचार के लिए भी ऑनलाइन आर्थिक मदद जुटाई जा रही है।

फंडा यह है कि संतुष्टि रूपी समृद्धि के कई स्तर हैं। कचरा बीननेवाली लोउ हमसे कहीं ज्यादा समृद्ध है। उसने 30 लावारिस बच्चों को परवरिश देकर उन्हें नया जीवन दिया है, अन्यथा कचरे के ढेर में पड़े रहते हुए वे बच्चे कब के मर-खप गए होते।

❑

बेईमानी से कमाई चीज रुकती नहीं

मध्य प्रदेश की राजधानी भोपाल में रहते हुए रविवार की मेरी ज्यादातर शामें वीआईपी रोड पर बीतती थीं। यह सड़क एक बड़ी झील के समानांतर है, जिसे बड़ा तालाब के नाम से जानते हैं। रविवार की शाम यहाँ अनेक युवा जोड़े और रिटायर्ड महिला-पुरुष चहलकदमी करते देखे जा सकते हैं। कुछ परिवार भी यहाँ शाम गुजारने आते हैं। यहाँ खोमचों पर सामान बेचनेवालों की भी अच्छी भीड़ होती है, जो लोगों की जुबान को संतुष्ट करने का काम करते हैं। इनके अलावा मेरी नजर कुछ कौओं पर भी ठहरती थी, जो यहाँ-वहाँ बिखरे बचे-खुचे खाने को गड़पने के लिए आपस में काँव-काँव करते रहते। कौआ झुंड में रहने वाला पक्षी है, जिसमें कड़ी प्रतिस्पर्धा का भाव होता है। उस दिन मेरी नजरें खासतौर पर दो कौओं पर थीं। वे दोनों कौवे एक पेड़ की डाल पर बैठे लोगों द्वारा फेंके जाने वाले बचे-खुचे खाद्य पदार्थ की ताक में थे।

कुछ देर में उनकी मुराद पूरी हुई। एक शख्स ने आधा खाया भुट्टा पेड़ के पास फेंक दिया। उसे देखने के बावजूद दोनों में से किसी ने भी उस पर झपट्टा नहीं मारा। वे उसे नजरअंदाज करते हुए एक-दूसरे पर नजर रखे हुए थे। कुछ पलों के बाद दोनों ने लगभग एक साथ भुट्टे को लपकने के लिए उड़ान भरी। उस अधखाए भुट्टे के पास पहुँच दोनों उसके इर्दगिर्द फुदकने लगे। उनके हाव-भाव बॉक्सिंग रिंग में आमने-सामने खड़े मुक्केबाजों जैसे थे। अंततः उन्होंने एक समझौते के तहत भुट्टे का एक-एक हिस्सा लिया और उसे चोंच में दबाकर वापस पेड़ की डाल पर आ बैठे।

उनके इस व्यवहार पर मैं अचरज में था और उनपर से निगाहें हटा नहीं पा रहा था। कुछ देर बाद एक कौवे की निगाह एक शख्स द्वारा फेंके गए मांस के एक टुकड़े पर पड़ी। दूसरे कौवे की निगाह उस पर नहीं पड़ी थी। ऐसे में पहला कौआ तेजी से उड़ा, मांस के टुकड़े को अपने पंजों में दबोच तालाब के किनारे पड़े पत्थरों पर जाकर बैठ गया। वह यह सुनिश्चित करने में लगा था कि दूसरे कौवे की निगाह उस मांस के टुकड़े पर तो नहीं पड़ी है। इसके बाद उसने उस टुकड़े को पत्थर के बीच छिपा दिया। उसने एक बार फिर सिर उठाकर अपने आसपास देखा। वह सुनिश्चित होना चाहता था कि इस कृत्य पर किसी की निगाह न पड़ी हो।

दूसरा कौआ अब भी पेड़ की शाखा पर बैठा कहीं और ताक रहा था। यह देख पहलेवाला कौआ दूसरे भोजन की तलाश में इधर-उधर उड़ान भरने लगा। चूँकि मैं उन दोनों को काफी देर से देख रहा था, इसलिए मैं समझ सकता था कि पेड़ की डाल पर बैठा कौआ इस पूरे प्रकरण से अनजान नहीं था। वह उस कौवे के वहाँ से हटने के बाद निश्चित तौर पर उस मांस के टुकड़े पर हक जमाने आएगा। मुझे बहुत देर इंतजार नहीं करना पड़ा। पहले वाले कौवे के वहाँ से हटते ही वह छिपाए गए मांस के टुकड़े वाली जगह पर आ पहुँचा। उसने बगैर देर किए अपनी चोंच की मदद से उस छिपाए गए मांस को ढूँढ़ निकाला और उसे लेकर उड़ गया। यह उसकी विजय तो थी, लेकिन वह एक चूक कर गया। मांस का टुकड़ा आकार में बड़ा था, जिसे वह सँभाल नहीं सका और वह तालाब के गहरे पानी में जा गिरा। यह देख बड़े-बुजुर्गों द्वारा कही गई बात याद आ गई। इसके मुताबिक अगर कोई चीज ईमानदारी से हासिल नहीं की गई है, तो वह कभी भी आपके पास नहीं रहेगी।

फंडा यह है कि हमारे बुजुर्गों ने ईमानदारी की महत्ता पर यूँ ही कुछ नहीं कहा है। हम कौवे के इस किस्से से समझ सकते हैं कि बेईमानी से हासिल की गई कोई भी चीज हमारे पास ज्यादा देर तक नहीं रहती।

❑

नैतिक मूल्य या भौतिक सुख : चयन आपका

1988 का किस्सा : बात उन दिनों की है जब बृहन्नमुंबई म्यूनिसिपल कॉरपोरेशन में जीआर खैरनार की डिप्टी म्यूनिसिपल कमिश्नर के पद पर नियुक्ति हुई। उसके पहले पचास सालों तक इस पद पर और लोग भी नियुक्ति पाते रहे, लेकिन जो शोहरत खैरनार ने हासिल की, वह किसी और को नहीं मिली। आखिर उन्होंने ऐसा क्या किया, जो अन्य नहीं कर सके? खैरनार ने सिर्फ अपना काम किया। उन्होंने सपनों के शहर मुंबई में फैले अवैध निर्माणों व कब्जों को तोड़ना शुरू किया। यह काम बहुत पहले हो जाना चाहिए था, लेकिन राजनीतिक संरक्षण के कारण ऐसा न हो सका था। वजह सिर्फ वोट बैंक की राजनीति थी। खैरनार ने जब यह जिम्मेदारी सँभाली तो उन्होंने वही किया, जिसके लिए उन्हें वेतन मिलता था। खैरनार के अपने सहयोगी इस मुहिम में उनके साथ नहीं खड़े हुए। हालाँकि उनके मातहत कर्मचारियों को उनकी बात माननी पड़ी, क्योंकि वे आखिरकार उनके बॉस थे। नगरीय प्रशासन के अन्य लोग खैरनार का खुलकर विरोध इसलिए भी नहीं कर सके, क्योंकि आम मुंबइकर्स के लिए खैरनार 'मसीहा' बनकर उभरे थे। खैरनार उनके 'हीरो' थे और उनकी यह छवि रिटायरमेंट तक बरकरार रही। खैरनार ने एक संदेश बिलकुल स्पष्ट दिया और वह यह था कि कानून को अमल में लाना संभव है। बशर्ते, आपके पास अधिकार हों और आपमें उन्हें लागू करने की दृढ़ इच्छाशक्ति हो।

2012 का किस्सा : चीन के सिचुआन राज्य के दक्षिण-पश्चिम इलाके चेंगडू में रहती है एक 42 वर्षीय महिला। एक करोड़पति से ब्याही यह महिला चीनी युवतियों को 'रईस पुरुषों को कैसे आकर्षित करें' कोर्स के तहत प्रशिक्षित कर रही है। 1570 अमेरिकी डॉलर की फीस वाले इस कोर्स के तहत युवतियों को रईस लोगों से मेल-मुलाकात का अवसर भी मुहैया कराया जाता है। दर्जनों युवतियाँ इस कोर्स में दाखिला ले चुकी हैं और इतनी ही संख्या में अन्य अपनी बारी का इंतजार कर रही हैं। इस कोर्स के तहत अब तक सौ से अधिक चीनी युवतियों को प्रशिक्षित किया जा चुका है। इसके तहत उन्हें रईस पुरुषों तक पहुँच बनाने, संबंध प्रगाढ़ करने और एवज में तोहफे हासिल करने के तौर-तरीके सिखाए जाते हैं। उन्हें बताया जाता है कि किस तरह वे रईसों के शौक और अन्य निजी जानकारियों को जुटाएँ और फिर उनसे ऐसे मिलें, मानों वह मुलाकात संयोग हो। युवतियों को शुरुआती दिनों में होटल या रेस्तराँ में बैठने-उठने के विभिन्न तरीकों से भी परिचित कराया जाता है, ताकि वहाँ की प्रकाश व्यवस्था में उनके नैन-नक्श और ज्यादा उभरकर सामने आएँ।

इन दो किस्सों से पता चलता है कि लगभग पच्चीस साल पहले समाज में आपको अपने काम से इज्जत प्राप्त होती थी। अगर आप गलत के खिलाफ खड़े हो रहे हैं, तो आम लोग आपको मसीहा मान लेते थे। सत्य का अनुसरण करने के लिए समाज में मान-सम्मान मिलता था। यहाँ तक कि आज भी खैरनार दो कमरे के घर में रहते हैं, लेकिन जब वे कहीं जाते हैं तो लोग उनके सम्मान में उठकर खड़े हो जाते हैं। इस दौर के विपरीत आज हमारा समाज भौतिकवादी चीजों की मिल्कियत से किसी के प्रति मान-सम्मान तय करता है। चीन में उक्त महिला द्वारा चलाया जा रहा कोर्स इसका नमूना है। यही वजह है कि आज की अधिसंख्य युवा पीढ़ी नैतिक मूल्यों के बजाए भौतिक सुख-साधनों की तरफ भाग रही है।

फंडा यह है कि जरूरी है कि हम नई पीढ़ी में मूल्यों और नैतिकता का संचार करें, न कि भौतिकता की तरफ उन्हें प्रेरित करें। कुछ समय बाद भौतिक चीजों का मूल्य कम हो जाता है। भौतिक सुख-सुविधाओं के पीछे भागने वाले युवाओं को इसके लिए दोष देना निरर्थक है। वह ऐसा कर रहे हैं, क्योंकि हमने ही उन्हें ऐसा सिखाया है।

पार्टियाँ मनाने का अलग हो अंदाज

'कृपया कोई उपहार न लाएँ, आपका आशीर्वाद ही काफी है।' इस तरह के वाक्य आजकल शादी-समारोह के निमंत्रण पत्रों में आम हैं। फिर भी लोग महँगे बुके लेकर पहुँच जाते हैं, क्योंकि उन्हें इसके बगैर बुफे में व्यंजनों का लुत्फ लेना थोड़ा अजीब लगता है। लेकिन बच्चों की बर्थडे पार्टियों में तो आप इस तरह बुके नहीं ले जा सकते। खैर, कुछ हफ्ते पहले मुझे एक बर्थडे पार्टी का आमंत्रण मिला, जिसमें कहा गया था कि आप कोई उपहार लेकर न आएँ। फिर भी यदि आप बच्चे को जनमदिन पर आशीर्वाद के साथ कुछ उपहार देना ही चाहते हैं, तो पार्टी स्थल पर एक डोनेशन बॉक्स रखा गया है, जिसमें आप कुछ भी डोनेट कर सकते हैं। बॉक्स में एकत्रित राशि सीधे चैरिटी होम को जाएगी।

चार साल के दो जुड़वाँ बच्चों के बर्थडे की यह पार्टी एक साधारण कम्युनिटी हॉल में आयोजित की गई थी। उनकी माँ ने मुझसे कहा, ''मेरे बच्चों का पहला व दूसरा बर्थडे क्रमश: एक अनाथालय व आदिवासी बच्चों के एक आवासीय स्कूल में मनाया गया। हम इन जगहों पर गए और बच्चों के साथ वक्त बिताया और जो धन हम पार्टी पर खर्च करते, उसे हमने संस्थान को दान कर दिया या उनकी जरूरत की चीजें खरीदकर उन्हें दे दीं। एक-दो साल के बच्चों के वैसे भी अपने दोस्त नहीं होते और इससे कोई फर्क नहीं पड़ता कि उनका जनमदिन कहाँ मनाया जाता है। इन संस्थानों के बच्चों को हमारे बच्चों के साथ समय बिताकर अच्छा लगा और हमें भी उनके साथ खूब मजा आया।'' उन्होंने आगे कहा, ''इनके तीसरे जन्मदिन पर हमने पहली बार पार्टी दी, क्योंकि तब इन बच्चों के कुछ दोस्त बन

गए थे और हम चाहते थे कि वे उनके साथ मौज-मस्ती करें। इस बार चौथे जन्मदिन पर हमने पार्टी स्थल पर एक डोनेशन बॉक्स रखा है और लोगों से कहा है कि वे बच्चों के लिए गिफ्ट लाने के बजाय एक नेक काम के लिए डोनेट करें।''

मैं उस पार्टी में पूरे चार घंटे तक रहा और मैंने देखा कि उनकी इस पहल को जबरदस्त रिस्पांस मिला। पार्टी के बाद अनाथालय के लोग आए और बॉक्स खोलकर देखा कि कितनी दानराशि इकट्ठा हुई। बॉक्स में जितनी धनराशि जमा हुई थी, उतनी ही धनराशि मेजबान अभिभावकों ने आदिवासियों के कल्याण व पुनर्वास से जुड़ी संस्था को दान में दी।

उनके इस काम की सराहना करते हुए एक और अभिभावक ने हमें अपनी गाथा सुनाई। उस वक्त उनका मकान बन रहा था और वह कई बार साइट पर अपने बच्चों के कुछ पुराने कपड़े, खिलौने व किताब-कॉपियाँ वगैरह मजदूरों के बच्चों के लिए ले जाते। जल्द ही उनके बच्चों को भी यह समझ में आ गया और फिर जब भी वे नए निर्माणाधीन मकान पर जाने की बात करते, तो उनके बच्चे खुद ही अपने पुराने कपड़े और खिलौने लेकर चलने के लिए तैयार हो जाते। एक बार उनकी पाँच वर्षीय बेटी ने साइट पर एक बच्ची को नंगे पैर दौड़ते हुए देखा, तो उसने तुरंत अपने पैर में पहनी सैंडिल उतारकर उसे दे दी। यह उसकी पसंदीदा मिकी माउस सैंडल थी, लेकिन उसने एक पल सोचे बगैर खुशी-खुशी उतारकर उस बच्ची को दे दी। इसके बाद आकर उसने अपने माँ-बाप को इसके बारे में बताया। इसे देखते हुए याद रखें कि करुणा की सीख बचपन से ही दी जा सकती है।

फंडा यह है कि दयालुता या उदारता को इस तरह आदर्श तरीके से अमल में लाया जाए कि इससे न सिर्फ समाज में अच्छा संदेश जाए, बल्कि जब आपके बच्चे अपनी चीजें अभावग्रस्त बच्चों के साथ बाँटें, तो बतौर अभिभावक आपको भी यह लगे कि आपने कुछ अच्छा काम किया है।

❑

कार्मिक चक्र हमेशा पूरा घूमता है

हम जैसे ज्यादातर लोग समय-समय पर दूसरों के प्रति थोड़ी-बहुत सहृदयता प्रदर्शित करते रहते हैं, बगैर यह जाने कि हम कुछ खास कर रहे हैं। जब हम बस में किसी सहयात्री की ओर देखकर मुसकराते हैं या गरमी की चिलचिलाती धूप में काम कर रहे किसी व्यक्ति को ठंडा पानी पिलाते हैं तो वास्तव में हम कुछ खास नहीं करते, लेकिन हमारा ऐसा करना सामनेवाले के लिए बहुत महत्त्व रखता है। वर्ष 1978 की बात है। मैं मुंबई में लोकल बस में बैठकर वीरा देसाई रोड से अँधेरी स्टेशन की ओर जा रहा था। मेरी बाजू की सीट पर एक नवयुवक बैठा था, जिसकी उम्र तकरीबन 20-22 साल होगी। उसके हाथ में एक फाइल थी, जिसे वह हर पाँच मिनट में खोल-खोलकर देख रहा था। मैंने देखा कि उसकी फाइल में कई तरह के डिप्लोमा, सर्टिफिकेट्स और बायोडाटा की कॉपी है। जाहिर था कि वह कहीं जॉब इंटरव्यू के लिए जा रहा था। मैं उसकी नर्वसनेस को साफ महसूस कर सकता था। स्टेशन पर जब हम बस से उतरने लगे, तो मैंने अपना हाथ उसकी ओर बढ़ाते हुए कहा, ''ऑल द बेस्ट! मुझे यकीन है कि तुम्हें यह नौकरी मिल जाएगी।'' मेरी बात सुनकर वह चौंका और मुझसे हाथ मिलाया। उसके बाद हम दोनों बस से उतर गए। कुछ हफ्तों बाद मैं इसी बस से काम पर जा रहा था, तभी मैंने उस युवक को अपनी ओर आते देखा। उसके चेहरे पर मुसकान खिली थी। वह मेरे पास आकर बोला, ''थैंक्स! मुझे नौकरी मिल गई। मेरा इंटरव्यू बहुत अच्छा रहा।'' उसने मुझे बताया कि वह उस दिन किस कदर नर्वस था, क्योंकि यह शहर उसके लिए नया था और यह नौकरी पाना उसके लिए जरूरी था। उसने कहा,

''आपके शब्द मेरे लिए अच्छे शगुन की तरह थे।'' मुंबई जैसे विशाल शहर में अनजान चेहरों की भीड़ के बीच किसी की हलकी सी मुसकान और दो मीठे बोल बहुत कुछ कर सकते हैं, क्योंकि यह अमूमन उस ओर से आते हैं, जहाँ से हमें इनकी उम्मीद नहीं होती।

मेरे साथ भी एक बार ऐसा वाक्या पेश आया, जहाँ मुझे सामने वाली की कही गई बातों से काफी संबल मिला। उस वक्त मैं अपना कॅरियर बनाने नया-नया मुंबई आया था। मैं यहाँ बतौर 'पेंइग गेस्ट' रहता था, पब्लिक ट्रांसपोर्ट में सफर करता था और रोज थोड़ा दाल-चावल पकाकर उसे अपनी माँ के बनाए अचार के साथ गटककर काम पर निकल जाता था। मुझे देर तक काम करना पड़ता, मेरे पास ज्यादा पैसे भी नहीं होते और यह शहर अपने नुकीले नाखूनों से रोज मेरी आत्मा को खुरचता रहता। मुझे लोकल ट्रेन में सफर करना बेहद अखरता। ऐसे ही एक दिन मैं ट्रेन में एक अँधेरे कोने में बैठा खिड़की के बाहर एकटक देख रहा था। मैं अपने अकेलेपन के साथ खुद ही बेहद असहाय महसूस कर रहा था और मेरी आँखों से आँसू बहे जा रहे थे।

तभी किसी ने मेरे कंधे पर हाथ रखते हुए कहा, ''बेटा, इतना दुःखी क्यों हो तुम?'' मैंने मुड़कर देखा तो सामने एक बुजुर्ग गुजराती महिला को खड़ा पाया। मैं कुछ नहीं बोला, बस अपने आँसू पोंछे और उनकी ओर देखकर मुसकरा दिया। उन्होंने मेरी ओर देखकर सिर हिलाया और कहा, 'चिंता मत करो, इतनी छोटी सी तो उमर है तुम्हारी। सब ठीक हो जाएगा। बस थोड़ा सब्र करना सीखो।'' मैं नहीं जानता कि कैसे, मगर उनके शब्द सुनकर मेरे दिल से निराशा के बादल छँट गए। संभवतः उस दिन मुंबई शहर ने पहली बार मुझे यह अहसास कराया कि मैं उसका अपना हूँ। यह मेरे लिए मुंबई के साथ मेरे संकोची संबंधों में एक निर्णायक मोड़ था। संभवतः कार्मिक चक्र पूरा घूम चुका था।

फंडा यह है कि जैसा बोओगे, वैसा ही काटोगे। यदि आप अच्छे कर्म करते हैं तो आपको अच्छा फल भी मिलेगा। ऐसा इसलिए क्योंकि कर्म का पहिया हमेशा पूरा घूमता है।

❑

किसी दूसरे की जिंदगी में लाएँ अच्छा बदलाव

छह वर्षीय तेज सिंह माँ-बाप की इकलौती संतान है। उसके माँ-बाप उत्तर प्रदेश के आगरा शहर में राज्य सरकार की सड़क निर्माण योजना के तहत मजदूरी करते हैं। ऐसे बच्चों की देखभाल के लिए ऐसे स्थानों पर अमूमन कोई नहीं होता है। वे निर्माण स्थल पर खेलते रहते हैं और भूख लगने पर ही माँ-बाप के पास आते हैं। एक दिन दोस्तों के साथ तीर-कमान का खेल खेलते हुए तेज सिंह अपनी बाईं आँख चोटिल कर बैठा। पता चला कि चोट के कारण बाईं आँख की रोशनी हमेशा के लिए चली गई है। उस वक्त किसी ने भी उसकी दाईं आँख की तरफ ध्यान नहीं दिया, लेकिन तीन माह बीते होंगे कि उसने अपनी दाईं आँख की कम होती रोशनी के बारे में अपने अभिभावकों को बताया। उसके माँ-बाप जिस सड़क को बनाने का काम कर रहे थे, उसी सड़क पर थोड़ी दूर डॉ. गुंजन प्रकाश का क्लीनिक है, जो संयोग से रेटिना सर्जन हैं। उन्हें जब तेज सिंह के बारे में पता चला तो उन्होंने मुफ्त में उसके रेटिना का ऑपरेशन कर दिया। नतीजा यह निकला कि दाईं आँख ठीक हो जाने से तेज सिंह ने इसी साल स्कूल में भी दाखिला ले लिया है।

इसी तरह बिहार की राजधानी पटना में रहनेवाले 45 वर्षीय शकील अहमद को एक हादसे में अपनी दाईं आँख से हाथ धोना पड़ा। ग्लूकोमा की वजह से धीरे-धीरे उनकी बाईं आँख की रोशनी भी कम हो रही थी। शकील अहमद की आर्थिक

स्थिति ऐसी नहीं थी कि वे ग्लूकोमा का अच्छे से उपचार करा सकें। उनके बारे में जानने के बाद पटना के ही डॉ. रणधीर झा ने न सिर्फ उनकी आँख का मुफ्त ऑपरेशन किया, बल्कि दवाओं का सारा खर्चा भी खुद उठाया। आज अपनी आँख ठीक हो जाने से शकील अपनी और परिवार की देखभाल करने में सक्षम हैं।

राजस्थान के कोटा जिले के डाबर गाँव में रहनेवाली चार वर्षीय टीना और उसकी 24 वर्षीय माँ बनास देवी को आँखों की एक अजीब बीमारी थी। हर गुजरते दिन के साथ उनकी आँखों की रोशनी कम हो रही थी। अज्ञानता, गरीबी, डर और चिंता के कारण वे अपनी झोंपड़ी तक ही सीमित होकर रह गई थीं। ऐसे में तीन माह पहले वहाँ चंबल फर्टिलाइजर्स ऐंड केमिकल लिमिटेड की ओर से आँखों का एक कैंप लगाया गया। कैंप के बारे में जागरूकता फैलाने के दौरान डॉ. विदूषी, उनके पति डॉ. सुरेश पांडे और एनस्थीसिया विशेषज्ञ डॉ. वी.के. मालू की नजर उन पर पड़ी। इनकी मदद से आज बनास देवी काम पर जाने लगी हैं, तो टीना स्कूल में पढ़ाई कर रही है।

एक जुलाई भारत में नेशनल डॉक्टर्स डे के रूप में मनाया जाता है। यह डॉ. बिधान चंद्र राय की स्मृति में मनाया जाता है, जो न सिर्फ स्वयं एक डॉक्टर थे, बल्कि स्वतंत्रता संग्राम सेनानी और पश्चिम बंगाल के मुख्यमंत्री भी रहे हैं। ऐसे में उक्त उदाहरणों के आलोक में कह सकते हैं कि भले ही देश में चिकित्सा व्यवस्था और डॉक्टरों के प्रति आम लोगों में अविश्वास का माहौल हो, लेकिन कुछ लोग ऐसे भी हैं, जो इस पेशे को नित नए सम्मान से नवाज रहे हैं। उनके कार्य इस पेशे से जुड़े लोगों और आम जनों को भावनात्मक संतुष्टि देने का काम कर रहे हैं।

फंडा यह है कि पेशा कोई भी हो, उससे जुड़े लोग कोई भी हों, सच तो यह है कि वे किसी-न-किसी तरह से किसी दूसरे के जीवन में बदलाव ला सकते हैं। ऐसे कई अवसर आते हैं, जब पैसा ही सबकुछ नहीं रह जाता। सिर्फ समर्पण, जोश और जुनून से इनसान वह सब कुछ कर गुजरता है, जिसकी उम्मीद करते हुए विधाता ने सृष्टि की रचना की और हम इनसानों को बनाया है।

❑

कौन सी चीज मकान को घर बनाती है?

इस सवाल का जवाब देना किसी ऐसे शख्स के लिए मुश्किल है, जिसने अपने जीवन में शुरुआती बीस साल तक गरमियों की तमाम छुट्टियाँ एक ऐसे भवन में गुजारी हों, जो 100 से ज्यादा वर्षों तक घर बना रहा।

तमिलनाडु के उमयलपुरम में मेरी पुश्तैनी जगह पर हमारा एक घर था, जिसका आकार रहवासियों की संख्या बढ़ने के साथ-साथ बढ़ता गया—बगैर किसी निश्चित योजना के, बिलकुल बेतरतीब तरीके से। परिवार को जब जरूरत होती, एक नया कमरा बनवा दिया जाता। जिस तरह पेड़ की जड़ें फैलती हैं, उसी तरह हमारा यह मकान भी जहाँ जगह मिली, उसी ओर बढ़ता गया। हालाँकि यह बहुत सुंदर नहीं दिखता था। इसकी मिट्टी से बनी दीवारें एक मीटर तक चौड़ी थीं। इनका प्लास्टर कई जगह अधूरा था, जिसकी वजह से इनमें लगे पत्थर किसी पुराने घाव के दाग-धब्बों की तरह नजर आते। उन धब्बों को ढँकने के लिए मेरे दादाजी हर साल स्वतंत्र रूप से बँटने वाले कैलेंडर ले आते और इन दीवारों पर टाँग देते। इन कैलेंडरों को सजाने का कोई निश्चित क्रम नहीं होता, जिसके चलते वहाँ हमेशा दिलचस्प चित्र-संयोजन तैयार हो जाता—भगवान् गणेश के बगल में अभिनेत्री वैजयंती माला और नेहरूजी व महात्मा गांधी के बाजू में हेमा मालिनी।

हमारे इस घर में हर चीज के लिए जगह थी। पुराने बरतन, बेंत से बना

चरमराता सोफा (जिसे डालडा के खाली पीपों के सहारे स्थिर किया गया था), पुरानी पत्रिकाओं का ढेर, एक पुराना ट्रांजिस्टर रेडियो, जो काम नहीं करता था, लेकिन एक जगह पर पूरी शान से जमा हुआ था, आम की पत्तियों से बनाए गए पिछले साल के तोरण, जो दरवाजे पर सूखी व मुरझाई अवस्था में लटकते रहते, पुराने टिन के डिब्बों का बनाया गया पिरामिड, कोई नहीं जानता था कि उनके भीतर क्या है, लेकिन वे सभी चीजें वहाँ जमा थीं। यह भवन बड़े दिलवाला और क्षमाशील था! आप इसकी दीवारों पर जहाँ चाहे कील ठोक सकते थे, अपनी मरजी के मुताबिक जहाँ चाहे लिख या आकृतियाँ उकेर सकते थे और भूली-बिसरी चीजों की खोज में कोना-कोना छान सकते थे। यह मकान सिर्फ हम लोगों का ही घर नहीं था, बल्कि इसमें कई अन्य तरह के प्राणी भी बसते थे। यह सिर्फ एक भवन नहीं था। यह एक इकोसिस्टम था! इसमें एक नन्ही गिलहरी थी, जो दिनभर 'अतिथि कक्ष' के अंदर-बाहर फुदकती, घर के बाहर लगे नारियल के पेड़ पर चढ़ती-उतरती, बिस्तर के इर्द-गिर्द चक्कर काटती रहती। यहाँ मानसून के मौसम में मेंढकों का टर्र-टर्र का समवेत आलाप सुनाई देता। घर में छोटी-छोटी काली चींटियों की कतार अकसर नजर आ जाती। मकड़ी अपने द्वारा बुने गए महीन जाले के बीचोंबीच बैठ न जाने किसका इंतजार करती रहती। चमगादड़ या कीट-पतंगे न जाने कहाँ से आ जाते। सर्दियों की एक शाम तो हमें वहाँ कुंडली मारकर बैठे एक नागराज के भी दर्शन हुए थे।

कोई भी इन बिन बुलाए अतिथियों से परेशान नहीं होता। ये सब घर में हमारे साथ रहते। हमने साथ-साथ रहना सीख लिया था। मैंने कई बार बरसात की रातों में मेंढक को अपने बिस्तर पर बैठा पाया है। लेकिन मुझे इस घर की एक बात जो सबसे ज्यादा याद आती है, वह है छत पर लगे मेंगलोर टाइल्स के बीच से छनकर आती रोशनी। यह रोशनी नरम, थोड़ा पीलापन लिये होती। सूर्य की यह रोशनी एक स्तंभ के रूप में अंदर आती, जिसमें धूल के छोटे-छोटे कण लगातार नाचते रहते। मैं इस रोशन के स्तंभ को अपने हाथ से पकड़ने की कोशिश में लगा रहता। ऐसा करने में मुझे खूब मजा आता। आगे चलकर जब मैंने 'स्वर्ग की सीढ़ी' से जुड़ा एक गीत सुना तो मेरे दिमाग में तुरंत उस रोशनी के स्तंभ की छवि कौंध गई।

फंडा यह है कि यदि आप मकान को घर बनाना चाहते हैं तो ईंट-गारे से बनी इस इमारत में अपनी भावनाओं का भी थोड़ा निवेश करें। भवन की दीवारों को स्मृतियों की अदृश्य तसवीरों से सजाएँ। फिर देखिए, भवन खुले दिल से आपको अपनाएगा। जब आप उस भवन से बाहर जाने लगेंगे, तो परिचितों की तरह नहीं वरन् करीबी दोस्तों की तरह जुदा होंगे। इसी तरह कोई मकान घर बनता है।

❑

निःस्वार्थ कर्म आपको दिला सकता है रोटी, कपड़ा और मकान

सुबह-सुबह काम पर निकले किसी ऑटो रिक्शा चालक से आप क्या उम्मीद कर सकते हैं, जिसकी अभी तक 'बोहनी' न हुई हो? जाहिर तौर पर हर कोई यही चाहता है कि 'बोहनी' अच्छी और शांतिपूर्वक हो जाए, ताकि उसका बाकी दिन भी कमाई के लिहाज से अच्छा गुजरे। उस दिन नारायण एम राव ने अपने ऑटो रिक्शा का इंजन स्टार्ट करते वक्त भी यही सोचा था। उसने बेंगलुरु के जया नगर में एलआईसी कॉलोनी के निकट एक बुजुर्ग सज्जन को ऑटो रिक्शा तलाशते हुए देखा। उन बुजुर्ग सज्जन का नाम था वेंकट राव और उनकी उम्र तकरीबन अस्सी साल थी। नारायण ने उन्हें देखकर अपना हाथ हिलाया, अपना ऑटो स्टार्ट किया और दूसरे ऑटो वालों के पहुँचने से पहले उनके पास पहुँच गया।

वह बुजुर्ग सज्जन उसके ऑटो में बैठ गए। इसके बाद नारायण ने अपना मीटर डाउन किया और उनसे उनके गंतव्य स्थल के बारे में पूछा, लेकिन कोई जवाब नहीं मिला। वे बुजुर्ग सज्जन भूल गए थे कि उन्हें कहाँ जाना है। नारायण ने यह सोचते हुए कि संभवतः उन्हें कुछ देर बाद अपने गंतव्य के बारे में याद आ जाएगा, उनसे कहा कि वह सीधे रास्ते पर धीरे-धीरे ऑटो चलाएगा और जब उन्हें याद आ जाए तो वे उसे बता दें या फिर ऑटो रोकने के लिए कह दें। शुरुआत में पाँच-दस मिनट तक तो नारायण को कोई परेशानी नहीं हुई, लेकिन बुजुर्ग सज्जन

के मुख से एक भी बोल न फूटते देख वह भी धीरे-धीरे नर्वस होने लगा। नारायण ने उनके साथ की चीजों को देखा, लेकिन उनके पास पहचान पत्र या ऐसी कोई चीज नहीं थी, जिससे उनके घर का पता चल सके।

बुजुर्ग सज्जन का यही कहना था कि उनका घर आस-पास ही है, लेकिन उन्हें इसकी जगह याद नहीं आ रही है। आखिरकार चार घंटे तक सड़क पर ऑटो दौड़ाने के बाद नारायण उन्हें जया नगर और तिलक नगर स्थित दो पुलिस थानों में लेकर गया, ताकि वह उन्हें पुलिस की निगरानी में छोड़ सके। लेकिन पुलिसवालों ने उसे यह कहते हुए भगा दिया कि उनके पास करने को और भी कई काम हैं और वह बुजुर्ग सज्जन को उसी जगह पर छोड़ आए, जहाँ से ऑटो में बिठाया था या फिर किसी मानसिक चिकित्सालय में ले जाए। नारायण को उन बुजुर्ग सज्जन से सहानुभूति होने लगी और वह उन्हें अपने घर ले आया व खाना खिलाया। खाना खाने के बाद वह बुजुर्ग वहीं सो गए।

पहले दिन नारायण को लगा कि वह किसी लाचार शख्स की सेवा कर रहा है, लेकिन धीरे-धीरे वह उन्हें लेकर चिंतित रहने लगा, क्योंकि वे अपना पता बिलकुल भी याद नहीं कर पा रहे थे। हालाँकि उनके बर्ताव को देखकर यही लगता था कि वे किसी अमीर व शिक्षित परिवार से ताल्लुक रखते हैं। लेकिन एकमात्र समस्या यह थी कि निवास का पता उनकी स्मृति से गायब था।

चौथे दिन स्थानीय अखबार 'विजय कर्नाटक' में एक खबर छपी कि वेंकट राव चार दिन से लापता हैं और उन्हें खोजकर लानेवाले व्यक्ति को उचित इनाम दिया जाएगा। त्यागराजा नगर में रहनेवाले वेंकट राव के बेटे राघवेंद्र राव उन्हें खोजने के चक्कर में पिछले चार दिन से सोए नहीं थे। वेंकट तीन महीने से अल्झाइमर्स से पीड़ित थे और यह पहली बार था, जब वे किसी को बगैर बताए घर से बाहर निकले थे। कोई नहीं जानता था कि वे जया नगर आए थे। यह खबर पढ़ने के बाद नारायण उन बुजुर्ग सज्जन को लेकर सीधे उनके पते पर पहुँचा और उनके बेटे को उन्हें सौंप दिया। उन्होंने सिर्फ एक-दूसरे का फोन नंबर लिया, ताकि किसी तरह की पुलिस इंक्वायरी होने पर मदद मिल सके। इसके अलावा नारायण ने उनसे कोई पैसा नहीं लिया। यह दो हफ्ते पहले की घटना है। बीते शनिवार नारायण राव को राघवेंद्र राव परिवार के रूप में एक स्थायी ग्राहक मिल गया। उसका काम राघवेंद्र राव के परिजनों और खासकर उन बुजुर्ग सज्जन को बेंगलुरु में रहनेवाले उनके तमाम मित्रों या सगे-संबंधियों के घर तक लाने-ले जाना था। उसके लिए रोज का न्यूनतम मेहनताना भी तय कर दिया गया।

फंडा यह है कि बोहनी में रुपए कमाना ही जरूरी नहीं है। 'निःस्वार्थ कर्म' से भी 'बोहनी' हो सकती है, जो आखिरकार आपके लिए स्थायी आय अर्जित करने का जरिया बन सकता है।

❑

अपनी उदारता का बखान करना जरूरी नहीं

इटली के वेनिस शहर में स्थित एक कॉफी शॉप का दृश्य है। एक व्यक्ति कॉफी शॉप में आता है और वेटर को आवाज देता है। वेटर के आने पर वह ऑर्डर प्लेस करता है—"दो कप कॉफी। एक मेरे लिए और एक उस दीवार के लिए।" जाहिर है, इस तरह का ऑर्डर सुनकर आपका भी ध्यान उस ओर आकर्षित होगा। खैर, वेटर एक कप कॉफी ले आता है। लेकिन उसे दो कप का भुगतान किया जाता है। उस ग्राहक के बाहर निकलते ही वेटर दीवार पर नोटिस बोर्ड टाइप का एक कागज चिपकाता है, जिस पर लिखा होता है—'एक कप कॉफी'।

पाँच मिनट बाद दो और व्यक्ति कॉफी शॉप में आते हैं और तीन कप कॉफी का ऑर्डर देते हैं। दो कप कॉफी उनके लिए और एक कप दीवार के लिए। उनके समक्ष दो कप कॉफी पेश की जाती है, लेकिन वे तीन कप कॉफी का भुगतान कर वहाँ से चले जाते हैं। इस बार भी वेटर वही करता है। वह दीवार पर 'एक कप कॉफी' का एक और कागज चस्पां करता है।

इटली के खूबसूरत शहर वेनिस में आप इस तरह का नजारा अकसर देख सकते हैं। वेनिस नहरों द्वारा विभाजित मगर सेतुओं के जरिए आपस में जुड़े 118 छोटे टापुओं के एक समूह पर बसा खूबसूरत शहर है। वर्ष 2010 में इसकी कुल आबादी तकरीबन 272,000 आँकी गई और इसकी आतिथ्य संस्कृति का कोई जवाब नहीं है।

बहरहाल, उस कॉफी शॉप में बैठकर ऐसा लगा मानो यह वहाँ की आम संस्कृति है। हालाँकि वहाँ पहली बार आने वाले शख्स को यह बहुत अनूठा और हैरतअंगेज लग सकता है। मैं वहाँ कुछ देर और बैठा रहा। कुछ समय बाद एक और शख्स वहाँ आया। वह आदमी अपनी वेश-भूषा के हिसाब से कतई उस कॉफी शॉप के स्टैंडर्ड के मुताबिक नहीं लग रहा था। उसके पहनावे व हाव-भाव से गरीबी साफ झलक रही थी। वहाँ आकर वह एक टेबल पर जाकर बैठ गया और दीवार की ओर इशारा करते हुए वेटर से बोला—"दीवार से एक कप कॉफी।" वेटर ने पूरे अदब के साथ उसे कॉफी पेश की। उसने अपनी कॉफी पी और बगैर कोई भुगतान किए वहाँ से चला गया।

इसके बाद वेटर ने दीवार से कागज का एक टुकडा निकाला और डस्टबिन में फेंक दिया। अब तक आपको पूरा मामला समझ में आ गया होगा। इस शहर के रहवासियों द्वारा जरूरतमंदों के प्रति दरशाए जाने वाले इस सम्मान को देख मैं अभिभूत हो गया। कॉफी किसी भी सोसाइटी के लिए जरूरी नहीं होती और न ही यह हम में से किसी के लिए जिंदगी की जरूरत है। लेकिन इन कड़कड़ाती सर्दियों में गरमागरम कॉफी से गरीबों के शरीर में थोड़ी देर के लिए जरूर गरमाहट आ सकती है। गौरतलब बात यह है कि जब कोई किसी तरह के अनुग्रह का लुत्फ लेता है, तो संभवत: हमें उन लोगों के बारे में भी सोचना चाहिए, जो उस विशेष अनुग्रह की उतनी ही कद्र करते हैं, जितनी कि हम करते हैं, लेकिन वे इसे वहन नहीं कर सकते।

जरा उस वेटर के किरदार पर गौर फरमाएँ, जो देनेवालों और लेनेवालों के बीच इस आदान-प्रदान की प्रक्रिया में अपने चेहरे पर एक जैसी मुसकान के साथ पूरी उदारता के साथ अपनी भूमिका निभाता है। इसके बाद उस जरूरतमंद शख्स पर गौर करें। वह अपने आत्मसम्मान से तनिक भी समझौता किए बगैर उस कॉफी शॉप में आता है। उसे मुफ्त एक प्याला कॉफी माँगने की कोई जरूरत नहीं है। बिना यह पूछे या जाने बगैर कि कौन सा शख्स उसे यह एक कप कॉफी पिला रहा है, वह सिर्फ दीवार की ओर देखता है और अपने लिए ऑर्डर प्लेस करता है और चला जाता है। अब जरा उस दीवार की भूमिका पर गौर फरमाएँ। यह उस शहर के रहवासियों की उदारता और सेवाभाव को प्रतिबिंबित करती है।

फंडा यह है कि हम अभावग्रस्त लोगों के प्रति जो उदारता बरतते हैं, क्या उसका प्रचार करना जरूरी है ? हम जैसे ज्यादातर भारतीय उदार प्रवृत्ति के हैं और दूसरों को काफी कुछ देते भी हैं, लेकिन यदि हम ऐसा गुपचुप ढंग से करें तो इससे लेनेवाले व्यक्ति का आत्मसम्मान भी बरकरार रहेगा। अगली बार किसी की मदद करते वक्त इस बारे में एक बार जरूर सोचें।

❑

दूसरे प्राणियों को भी अपना सहजीवी बनाएँ हम

बीते सोमवार को मैं एक वेटरनरी डॉक्टर की डिस्पेंसरी के बाहर बैठकर अपनी बारी का इंतहार कर रहा था। तभी मैंने पास की चाल में रहनेवाले कुछ बच्चों को तेजी से वहाँ आते हुए देखा। उनके हाथ में बिल्ली का एक नवजात बच्चा था, जिसकी हालत बेहद गंभीर लग रही थी। बच्चे उसे डॉक्टर को दिखाने लाए थे। किसी ने उन्हें नहीं रोका। उनमें से कुछ लड़के बाहर इंतजार करने लगे और तीन बच्चे अपनी चप्पलें उतारकर (यह अहम बात है, क्योंकि अमूमन लोग वेटरनरी डॉक्टर के पास जाते हुए अपने जूते-चप्पल नहीं उतारते, लेकिन संभवत: उन बच्चों को किसी ने बताया होगा कि वे चप्पलें उतारकर ही क्लिनिक के अंदर जाएँ) बिल्ली के बच्चे को लिये अंदर सीधे ऑपरेशन थिएटर की ओर भागे। उनके चेहरों को देखकर मैं समझ गया कि उनके मन में भी कहीं-न-कहीं यह आशंका है कि बिल्ली का बच्चा जिंदा नहीं है। लेकिन वे उसे डॉक्टर से दिखाकर तसल्ली करना चाहते थे। जल्द ही वे वहाँ से बाहर आ गए। बिल्ली के बच्चे को गोद में थामने वाले बालक के आँसू थमने का नाम नहीं ले रहे थे। डॉक्टर ने बिल्ली के बच्चे को 'मृत' घोषित कर दिया था। उसके गैंग के बाकी लड़के उसे सांत्वना देते हुए वहाँ से वापस ले गए।

एक नन्हे प्राणी के लिए उनकी यह भावना मेरे दिल को छू गई। इस दृश्य ने मुझे अपने बचपन के उन दिनों में पहुँचा दिया, जब इस तरह आवारा पशुओं को

बचाना व संरक्षण देना आम बात हुआ करती थी। उन बच्चों को देखकर मुझे लगा कि मानवता अभी भी मरी नहीं है, कम-से-कम निर्धन वर्ग में तो नहीं। मैंने सड़कों पर भिखारियों को अपने भोजन में से इन आवारा पशुओं को निवाला खिलाते देखा है, जो इस बेरहम शहर में उनकी मदद करते हैं। उसी शाम मेरा एक पॉश सोसाइटी में भी जाना हुआ, जहाँ पर उसकी सालाना बैठक में एक प्रस्ताव पेश करते हुए रहवासियों से पालतू जानवर और खासकर कुत्ता पालना प्रतिबंधित करने की बात कही गई थी। उस सोसाइटी में सैकड़ों बच्चे तरह-तरह के गेम खेल रहे थे।

इसका मतलब था कि बच्चों की यह पीढ़ी नहीं जान पाएगी कि किसी कुत्ते, बिल्ली, चिड़िया, मछली, खरगोश, तितली, पतंगे या घोंघे को स्पर्श करने की अनुभूति क्या होती है। जानवरों के प्रति इस द्वेष को देखकर मुझे दुःख हुआ।

इसके बाद मैं अपने पालतू कुत्ते की एंडोस्कोपी करवाने के लिए एक बड़े पशु चिकित्सालय में पहुँचा। वहाँ मैंने देखा कि एक भीमकाय बैल का उपचार किया जा रहा है और बाजू में खड़ा इंडियन सारस उस बैल के शरीर की सफाई कर रहा है तथा बैल उसकी नन्ही पूँछ को चाट रहा है। सारस जानता था कि बैल उसे कोई नुकसान नहीं पहुँचाएगा और बैल को भी पता था कि एक पंछी उसके शरीर से चिपके कृमियों को चुनकर अलग कर देगा।

यह सहजीविता की बेहतरीन मिसाल थी। जहाँ तक 'पालतुओं' की बात है तो कुत्ता एकमात्र ऐसी डिजाइनर प्रजाति है, जिसे इनसान ने अपने साथी के तौर पर तैयार किया है। कई बार उसके साथ भी बुरा बर्ताव होते देखा जाता है।

हम अपने जीवन में दया व उदारता जैसे मूल्यों के बारे में खूब बातें करते हैं, लेकिन अपने साथ रहने वाली अन्य प्रजातियों के प्रति इन्हें अमल में नहीं लाते। उन लड़कों जैसे करुणा के असंख्य टापुओं को देखें। मैं जानता हूँ कि वहाँ एक उम्मीद है। दुर्भाग्य यह है कि मानवता अब समाज की एक अलग परत से आ रही है। हमारे बच्चे एक बंद समाज में परवरिश पा रहे हैं, जहाँ पर वे अपने परिजनों और शिक्षकों के अलावा सिर्फ गार्ड, ड्राइवर और घरेलू नौकर-नौकरानियों को देखते हैं, जो सभी इनसान हैं। इस तरह वे यह नहीं देख पाते कि प्रकृति ने इनसान के साथ-साथ हजारों-हजार अन्य प्रजातियों को भी पैदा किया है। वह दिन दूर नहीं जब वे भारतीय सारस जैसे साधारण पंछी को भी किसी डीवीडी या एचडीटीवी में ही देख पाएँ।

फंडा यह है कि हमारी इस पृथ्वी पर इनसान के साथ-साथ कई अन्य प्राणी भी रहने के हकदार हैं। यदि आप इस ग्रह को पूरी तरह सिर्फ इनसानों से भर दें तो यह रहने लायक नहीं रह जाएगा। यदि हम अपने जीवन में इन तमाम प्राणियों से नहीं मिल सकते, तो कम-से-कम कुछ को देख ही सकते हैं और इनमें से कुछ को अपने साथ भी रख सकते हैं। ऐसा करके तो देखिए। इससे आपके जीवन में एक नया रंग भर जाएगा।

❑

आपके पास है दूसरों की जिंदगी बचाने का हुनर?

सात साल पहले न्यूयॉर्क के लैंकस्टर में रहने वाला केविन स्टीफन अपने छोटे भाई की लिटिल लीग बेसबॉल टीम की ओर से बतौर बैट ब्वॉय खेल रहा था। मैदान पर वॉर्म-अप करते हुए केविन की छाती पर दुर्घटनावश उसी के बैट का जोरदार प्रहार हुआ, जिससे उसके दिल की धड़कनें थम गईं।

उसके टीम मेंबर्स ने सिर्फ यही देखा कि अचानक केविन के सीने पर कोई चीज जोर से टकराई, जिसके बाद बैट उसके हाथ से छूट गया, वह थोड़ा पीछे मुड़ा और लड़खड़ाकर गिर पड़ा। सौभाग्य से वहाँ पर पेनी ब्राउन नामक एक नर्स मौजूद थीं, जिन्होंने तुरंत उसे प्राथमिक उपचार देते हुए उसकी जिंदगी बचाई। दरअसल पेनी ब्राउन का बेटा भी इस टीम में खेल रहा था और वह अपने बेटे का मैच देखने ही वहाँ आई थीं। जैसे ही उन्होंने केविन को लड़खड़ाकर गिरते देखा, वे तुरंत उसके पास पहुँचीं और उसके सीने को जोर-जोर से दबाते हुए उसे कृत्रिम साँस देना भी शुरू कर दिया। इससे धीरे-धीरे उसकी साँसें लौट आईं और थोड़ी देर में वह ठीक हो गया।

उस दिन केविन की किस्मत अच्छी थी, जो वहाँ उन्हें पेनी के रूप में एक नर्स मिल गई। दरअसल पेनी को उस शाम अपने काम पर होना चाहिए था, लेकिन उन्होंने अपने बेटे के मैच के दौरान उसके साथ रहने के लिए एक दिन की छुट्टी ले ली। इसके बाद केविन और पेनी के परिवारों के बीच अच्छे ताल्लुकात बन गए,

लेकिन काम के सिलसिले में दोनों के परिवार अमेरिका के अलग-अलग राज्य में जाकर बस गए और उनका सालों बाद ही मिलना हो पाया।

इस वाकये के सात साल बाद पेनी ब्राउन न्यूयॉर्क के डेप्यू में स्थित हिल व्यू रेस्टोरेंट में लंच ले रही थीं, तभी उनके गले में खाने का कोई टुकड़ा अटक गया। वे न इसे निगल पा रही थीं और न उगल पा रही थीं।

दरअसल खाने का टुकड़ा उनकी श्वासनली में जाकर अटका था, जिससे उनकी साँस अवरुद्ध हो रही थी। उनकी ऐसी हालत देख वहाँ मौजूद लोग सकते में आ गए। यह देखकर रेस्टोरेंट के कर्मचारी तुरंत केविन को बुलाने के लिए दौड़े। वे जानते थे कि उनके किचन स्टाफ में बतौर ट्रेनी काम करनेवाला केविन एक वॉलेंटियर दमकलकर्मी है। उनकी पुकार सुन केविन बाहर आया और 'हेमलिच' तकनीक अपनाते हुए पेनी के गले में फँसा भोजन का टुकड़ा निकाल दिया। गौरतलब है कि 'हेमलिच' व्यक्ति को दम घुटने से बचाने की एक आपातकालीन तकनीक है, जिसके जरिए साँस की नली में फँसे भोजन या अन्य किसी वस्तु के टुकड़े को निकाला जाता है।

आप इसे नियति का खेल कहें या कुछ और कि पश्चिमी न्यूयॉर्क में उस किशोरवय लड़के ने उसी महिला की जान बचाई, जिसने सात साल पहले खेल के मैदान में उसे नई जिंदगी दी थी। सत्रह वर्षीय केविन स्टीफन एक स्काउट मेंबर है। हालाँकि उसने अपने उपकार का बदला चुका दिया है, लेकिन उसे यकीन नहीं हो रहा था कि किस्मत उसे उसी महिला के सामने दोबारा लेकर आई।

बहरहाल, असल बात यह है कि ये दोनों एक-दूसरे की बेहद नाजुक स्थितियों में काम आए और यह कोई साधारण बात नहीं है। हमें अपने स्कूली बच्चों को स्काउट ट्रेनिंग के दौरान इस तरह की व्यावहारिक तकनीकें सिखाते वक्त उनके साथ ऐसी असल जिंदगी से जुड़ी गाथाओं को भी साझा करना चाहिए। यदि केविन प्राथमिक उपचार की तकनीकों में प्रशिक्षित नहीं होता, तो सोचिए उसे कितना खराब लगता यदि उस महिला के साथ उस दिन गले में खाना अटकने की वजह से कुछ अनहोनी हो जाती। उसे तब और भी ज्यादा बुरा लगता जब यह पता चलता कि यह वही नर्स है, जिसने सात साल पहले उसे नई जिदंगी दी थी। ये तकनीकें थोड़े से प्रशिक्षण से सीखी जा सकती हैं। आम नागरिकों द्वारा इन तकनीकों के इस्तेमाल के जरिए किसी की जिंदगी बचाना यह बताता है कि इन्हें सीखना कितना अहम हो सकता है। केविन को अपने इसी हुनर की वजह से कॅरियर में अच्छा जंप मिला।

फंडा यह है कि इस तरह की साधारण तकनीकों की जानकारी के सहारे आप नाजुक क्षणों में किसी की जिंदगी बचा सकते हैं। कौन जानता है कि यह हुनर आपको कॅरियर में आगे बढ़ाने में भी मददगार साबित हो।

❑

समाज की बेहतरी का काम कहीं से भी किया जा सकता है

आपको यह जानकर हैरत होगी कि मणिपुर की 40 वर्षीय मानवाधिकार कार्यकर्ता इरोम शर्मिला, जो सशस्त्र बल विशेषाधिकार कानून के विरोध में पिछले 12 वर्षों से अनशन पर हैं, ने अनशन शुरू करने के बाद से कभी भी अपनी माँ से बात या मुलाकात नहीं की है। इरोम को लगता है कि उनकी माँ उनके द्वारा कुछ न खाने-पीने से बेहद दु:खी होंगी और माँ का दु:ख देखकर वे कमजोर पड़ सकती हैं। इरोम की माँ को भी यही लगता है कि उनकी वजह से उनकी बेटी कहीं कमजोर न पड़ जाए। इरोम का अनशन तेहरवें वर्ष में प्रवेश कर चुका है।

दूसरी ओर 58 वर्षीय सिद्धभाऊ हैं, जो शहीद हेमू कालानी एजुकेशनल सोसाइटी व जीव सेवा संस्थान ग्रुप ऑफ इंस्टीट्यूशन, भोपाल के चेयरमैन हैं। सिद्धभाऊ अविवाहित हैं। वे कभी भी अपनी माँ के बगैर खाना नहीं खाते। यहाँ तक कि दिनभर चलने वाली किसी सेमिनार में भी वे लंच के दौरान घर चले जाते हैं और माँ के साथ भोजन करने के पश्चात् वापस आ जाते हैं।

इरोम शर्मिला नौ भाई-बहनों में सबसे छोटी हैं। वे अपने परिजनों व अपने विस्तारित परिवार के सदस्यों के बेहद करीब हैं, जो सभी इंफाल के एक गाँव में आस-पास ही रहते हैं। वे बेहद आकर्षक, तीक्ष्ण-बुद्धि व त्वरित प्रतिक्रिया देने वाली हैं। भाऊ पाँच भाई-बहनों में सबसे छोटे हैं। वे अपने संस्थान में पढ़नेवाले सभी बच्चों से बेहद प्यार करते हैं और उन्हें अपने परिवार के सदस्यों की तरह

मानते हैं। वे बेहद तेज व प्रतिक्रियावादी हैं तथा तकरीबन 10100 बच्चों को आसानी से सँभाल लेते हैं। उन्हें इसके लिए कभी भी तेज आवाज में नहीं बोलना पड़ता। इरोम शाकाहारी हैं और भाऊ भी। हालाँकि इन दोनों के समुदायों में ऐसा कम ही नजर आता है। इरोम ने 12वीं कक्षा तक शिक्षा प्राप्त की और कभी कॉलेज नहीं गईं। उन्हें लगा कि पाठ्य पुस्तकें उन्हें असल जिंदगी के बारे में कुछ नहीं सिखातीं, लिहाजा उन्होंने आगे पढ़ने में दिलचस्पी नहीं ली। वहीं भाऊ ने बीएस-सी द्वितीय वर्ष में रहते हुए अपनी पढ़ाई छोड़ दी। वे ऐसी किताबें पढ़ते व दूसरों को बाँटते हैं, जो जिंदगी के बारे में सिखाती हैं।

इरोम को वर्ष 2006 में कुछ समय के लिए राम मनोहर लोहिया अस्पताल में शिफ्ट किया गया, जहाँ वे नजदीक स्थित एक उद्यान में थोड़ा-बहुत टहल सकती थीं। एक शाम उन्होंने वहाँ एक गिलहरी को देखा, जिसके बारे में वे सबकुछ जानना चाहती थीं।

भाऊ एक दिन अपने कॉलेज में एक व्याख्यान सुन रहे थे, जिसमें वक्ता ने 'टेड' टॉक के बारे में बताया। यह ऐसी वेबसाइट है, जहाँ पर तमाम बड़े-बड़े वक्ता अपने विचार व्यक्त करते हैं। यह सुनकर भाऊ के मन में इसके बारे में ज्यादा-से-ज्यादा जानने की इच्छा जाग उठी।

इरोम को अपनी दादी से शक्ति मिलती है, जो 104 साल तक जीवित रहीं और भाऊ की शक्ति-स्रोत उनकी माँ हैं, जो 95 साल की हैं और आज भी उनके लिए खाना पकाती हैं। इरोम को लगता है कि वे अनशन करने के लिए ही इस दुनिया में आई हैं। उन्हें पूरा यकीन है कि यही उनका मकसद है और ईश्वर भी उनसे यही कराना चाहते हैं। भाऊ को लगता है कि गरीब व जरूरतमंदों को शिक्षित करने और उन्हें दुनिया का सामना करने लायक बनाने में ही उनके जीवन की सार्थकता है और वे उसी मकसद से इस दुनिया में आए हैं।

जब हम सब दीपावली पर्व मनाते हैं तो इस महोत्सव के जश्न में हो सकता है कि हम उन घरों में एक दीपक जलाना भूल गए हों, जहाँ कई बार अन्न का एक दाना भी नसीब नहीं होता। यदि हम उन अभावग्रस्त लोगों के लिए कुछ भोजन, कपड़े व मिठाइयाँ वगैरह बचा सकें तो उनके चेहरों पर मुसकान की रोशनी बिखर जाएगी। भले ही यह शर्मिला या भाऊ की तरह परमार्थ का कोई बड़ा काम न हो, लेकिन इस तरह छोटे रूप में एक छोटी सी शुरुआत तो की ही जा सकती है।

फंडा यह है कि अगर आपके भीतर समाज की बेहतरी के लिए काम करने का जज्बा है तो इस बात से कोई फर्क नहीं पड़ता कि आप जेल में हैं या जरूरतमंदों के बीच; आप कहीं भी रहते हुए ऐसा कर सकते हैं।

❑

त्योहार की खुशी में दूसरों को भी शामिल करें

मुंबई और लोनावला के बीच में बदलापुर नामक एक उपनगरीय इलाका है। इस इलाके में रहनेवाला अविनाश खिल्लारे ऑटो रिक्शा यूनियन का लीडर है। उसकी रिक्शा यूनियन में तकरीबन 250 सदस्य हैं।

पिछले साल अगस्त में यूनियन लीडर के तौर पर चुने जाने के बाद अविनाश ने एक स्कीम चलाई कि हर कोई रोज कम-से-कम 5 रुपए बचाएगा। तय हुआ इस बचत की रकम को इकट्ठा कर किसी बैंक में ऊँची ब्याज दर पर जमा कर दिया जाएगा और बाद में इसे दीपावली के वक्त आहरित कर लिया जाएगा। वादे के मुताबिक इस साल अविनाश ने तमाम सदस्यों के बीच उनकी बचत का हिसाब-किताब पेश करते हुए 9.25 लाख रुपए सबके बीच बाँट दिए। इसमें प्रत्येक व्यक्ति के हिसाब से औसतन 3700 रुपए से ज्यादा नहीं आए होंगे, लेकिन त्योहारी सीजन के दौरान इतनी धनराशि भी कौन देता है। ऑटो रिक्शा चालकों के बीच स्व-संचालित इस स्कीम का दोहरा फायदा यह है कि एक तो इससे उनमें बचत की आदत पड़ी और दूसरा, वे इस त्योहार को अपने पड़ोसियों (जो किसी फैक्टरी में काम करते हैं और त्योहारी सीजन में बोनस पाते हैं) संग पूरे उमंग और उल्लास के साथ मना सकते हैं।

अबीक मुखर्जी लंदन के मैनचेस्टर में मैनचेस्टर बिजनेस स्कूल का छात्र है। उसने पहले ही कोलकाता में अपनी कॉलोनी की कोऑपरेटिव सोसाइटी के तमाम

सदस्यों को एक पत्र भेजते हुए उनसे ऐसे कपड़े व मिठाइयाँ वगैरह तैयार रखने को कह दिया था, जो वे दूसरों को देने के लिए तैयार हों। पत्र में अबीक ने लिखा, 'आपके पास कोलकाता में रहने वाले विभिन्न मित्रों व परिचितों की ओर से ढेर सारी मिठाई आती होगी और मुझे यकीन है कि इसमें से आप कम-से-कम 250 से 300 ग्राम मिठाई तो बचा ही सकते हैं।'

यहाँ आने के बाद अबीक ने अपने मित्रों के साथ मिलकर अलीपोर जैसी पॉश कॉलोनी के आस-पास स्थित झुग्गी-बस्ती इलाके में जाने और वहाँ के अभावग्रस्त लोगों के बीच ये मिठाई व कपड़े वगैरह वितरित करने का फैसला किया। उनका स्लोगन है—'क्या हम किसी अँधियारे घर में एक दीपक नहीं जला सकते?'

केंद्रीय मंत्री पुरंदेश्वरी ने लोगों से आतिशबाजी पर पैसे खर्च न करने और इस तरह बचाई गई रकम को आंध्र प्रदेश में 'नीलम' चक्रवाती तूफान से पीड़ित लोगों के सहायतार्थ दान करने की अपील की। उन्होंने लोगों से अपील करते हुए कहा, "मैं लोगों द्वारा आतिशबाजी पर अनाप-शनाप पैसे खर्च करने के खिलाफ हूँ। लोग ऐसा न करें और इस तरह जो पैसे बचें, उन्हें जरूरतमंदों को दे दें। इस साल कई लोग 'नीलम' चक्रवाती तूफान से बुरी तरह प्रभावित हुए हैं और मेरी ईश्वर से प्रार्थना है कि इन बेसहारा लोगों को मदद मुहैया कराएँ।"

चेन्नई में रहनेवाले शंकरन परिवार की शुभा व प्रभा नामक दो बहनों ने अपने इलाके में विचरने वाले निरीह जानवरों को अपने छोटे-से घर में इकट्ठा कर लिया, ताकि शरारती बच्चे उनकी दुम में पटाखे बाँधकर उन्हें परेशान न कर सकें। चार दिन बाद वे इन जानवरों को वापस छोड़ देंगी। इन तमाम जानवरों को खिलाने-पिलाने में उनके तकरीबन 20,000 रुपए तक खर्च होंगे। इन बहनों ने पटाखों के लिए दिए गए पैसों की बचत के अलावा अपनी स्कूली सहेलियों के छोटे-मोटे सहयोग से धनराशि का इंतजाम किया है।

फंडा यह है कि हम दीपावली का पर्व कई तरह से मना सकते हैं। जरूरी नहीं कि हम हर बार अपने घर में दीये जलाएँ, नए कपड़े पहनें और ढेर सारी आतिशबाजी करें। हमारे छोटे-मोटे प्रयासों से गरीब-बेसहारा लोगों के घरों व जीवन में भी उजाला हो सकता है।

❑

अच्छा व्यवहार गैरों को भी दोस्त बनाता है

छब्बीस वर्षीय सीन कोनॉली लंदन में ऑक्सफोर्ड स्ट्रीट पर स्थित हैरॉड्स डिपार्टमेंटल स्टोर में बतौर सेल्समैन काम करता है। वह अपने इलाके के तमाम और खरीदारों को करीब से जानता है। अपनी जिंदादिली और विनम्र व्यवहार से उसने वहाँ के उच्च वर्ग में कई दोस्त बनाए। हालाँकि वे उसके वास्तविक मित्र नहीं थे, लेकिन उसके बारे में यह जरूर जानते थे कि वह बहुत अच्छा सेल्समैन है, जो शॉपिंग करने आए लोगों की मदद के लिए हमेशा तत्पर रहता है।

10 अक्तूबर, 2012 को सीन ने अचानक दो हफ्ते का भारत भ्रमण का प्लान बनाया और 12 अक्तूबर को वह मुंबई पहुँच गया। जल्दबाजी में वह अपने लिए किसी भी तरह की चिकित्सकीय सहायता सुनिश्चित करना भूल गया। गौरतलब है कि डिपार्टमेंटल स्टोर्स जैसे किसी सार्वजनिक जगह पर काम करनेवाले ब्रिटिश नागरिकों को मुफ्त चिकित्सकीय लाभ मिलते हैं।

13 अक्तूबर को वह छत्रपति शिवाजी टर्मिनस के निकट फुटपाथ पर चलते हुए तसवीरें खींच रहा था, तभी अचानक बेहोश होकर गिर पड़ा। उसे तुरंत पास के सेंट जॉर्ज मेडिकल अस्पताल ले जाया गया, जहाँ से उसे जसलोक अस्पताल शिफ्ट कर दिया गया।

उसे ब्रेन हेमरेज हुआ था, जिसकी वजह से वह कोमा में चला गया। उसे वेंटिलेटर पर रखा गया। वह कुछ खाने-पीने की स्थिति में भी नहीं था, इस वजह

से डॉक्टरों ने सर्जरी के जरिए उसके पेट तक नली डाली, ताकि उसे तरल आहार दिया जा सके।

इस बीच उसके पिता मार्टिन कोनॉली विभिन्न देशों की हवाई एंबुलेंस सेवा मुहैया कराने वाली कंपनियों से संपर्क करते रहे, ताकि उसे वापस ब्रिटेन लाया जा सके। जसलोक अस्पताल में उसके इलाज में लगे डॉक्टर्स जैसे ही उसे वापस ले जाने की इजाजत दे देंगे, वह एयर एंबुलेंस के जरिए वापस अपने देश पहुँच जाएगा। लेकिन ऐसा हो नहीं सकता। इसमें एक बड़ा पेंच है। उसके पास भारीभरकम मेडिकल बिल चुकाने के पैसे नहीं हैं।

ऐसे में समूचे ब्रिटेन में फैले उसके मित्र मदद के लिए आगे आए। उन्होंने एक फेसबुक पेज तैयार किया और सीन को वापस लाने के लिए 55,000 यूरो जुटाने का लक्ष्य तय किया। उन्होंने रैफल्स (रात्रिकालीन पब में होने वाली क्विज) आयोजित की। पब में जब उन्होंने यह घोषित किया कि उस रोज की बिक्री से अर्जित आय का एक हिस्सा सीन के चिकित्सकीय खर्चों की प्रतिपूर्ति के लिए जाएगा तो 80 सीटों वाले पब में जहाँ पर रोज तकरीबन 500 लोग आते हैं, उन्होंने एक रात में ही 7,500 यूरो जमा कर लिये।

कॉमेडियन जॉन बिशप, अभिनेता लैरी लैंब और मुक्केबाज बेरी मैकगुइगन ने उसके लिए मुहिम चलाई और दस-बारह दिन में ही उन्होंने अच्छी-खासी रकम जमा कर ली। 25 अक्तूबर तक उनके पास 45,000 यूरो जमा हो चुके थे। ठीक होकर सीन वापस ब्रिटेन चला गया। सीन का समर्थन बढ़ रहा है।

उसके फेसबुक पेज पर अब तक 23,000 लोग जा चुके हैं, जिनमें से कइयों ने आर्थिक योगदान भी दिया है। उसके दो मित्र इस नाजुक वक्त में उसके साथ रहने के लिए खासतौर पर यहाँ आए थे। भारत में फॉरेन ऐंड कॉमनवेल्थ ऑफिसर भी उसके मामले से अवगत थे और दूतावास संबंधी मदद मुहैया कराई हैं।

फंडा यह है कि आप कॉरपोरेट जीवन में किसी भी पोजिशन में हों, मगर अपने विनम्र व सुखद व्यवहार से दुनिया भर में दोस्त बना सकते हैं। सीन महज एक सेल्समैन है, लेकिन उसके पास ऐसे दोस्तों की फौज है, जिन्होंने सही वक्त पर सही जगह आकर उसकी मदद की।

❑

दयाभाव व्यक्ति को मजबूत बनाता है

यह 27 फरवरी, 2012 की बात है। उस दिन सत्ताईस वर्षीय अयूब मुर्तजा अपनी मोटरबाइक से मुंबई के लोअर परेल इलाके में स्थित अपने ऑफिस जा रहा था। लोअर परेल मुंबई का मिल एरिया है, जहाँ कई कंपनियों के ऑफिस स्थित हैं। अयूब के ऑफिस पहुँचने से तीन मिनट पहले रास्ते में एक जगह उसकी मोटरबाइक फिसल गई और वह पार्किंग एरिया में खड़ी एक कार से जा भिड़ा। उस वक्त सुबह के पौने दस बजे थे और वहाँ काफी भीड़ थी।

अयूब मदद के लिए चिल्लाया, लेकिन कोई आगे नहीं आया। उसके सिर में काफी चोट आई थी और उसकी आँखों के आगे अँधेरा छाने लगा था। कोई मदद न मिलते देख अयूब ने किसी तरह अपनी ताकत जुटाई और कार के नीचे से खुद को बाहर निकाला। उसके सिर से काफी खून रिस रहा था, जिससे उसकी पूरी शर्ट लाल हो गई। उसे खून से लथपथ देखकर भी लोग उसकी मदद करने से हिचक रहे थे। उसकी चेतना तेजी से लुप्त हो जा रही थी, लेकिन इस हालत में भी वह सड़क से गुजरने वाली कारों को रोकने की कोशिश कर रहा था, ताकि कोई उसे अस्पताल तक पहुँचा दे। वह निढाल होकर सड़क के किनारे गिरने ही वाला था कि तभी एक महिला ने किसी देवदूत की तरह आकर उसे थाम लिया। उसने अयूब को अपनी स्कूटी पर बिठाया और '3 इडियट्स' के आमिर खान के स्टाइल में उसे लेकर तेजी से निकटवर्ती केईएम अस्तपाल की ओर भागी। रास्ते भर वह अयूब को हिम्मत बँधाती रही। वह अयूब से बार-बार कह रही थी, ''चिंता मत करो। तुम्हें कुछ नहीं होगा। तुम मेरे भाई जैसे हो। मैं तुम्हें कुछ नहीं होने दूँगी।'' वह महिला

अपनी स्कूटी को सीधे अस्पताल के भीतर तक ले गई और उसने न सिर्फ अयूब को अस्तपाल में भरती कराया, बल्कि उन तमाम डॉक्टरों को फटकार भी लगाई जो उसके इलाज में देरी कर रहे थे। उसने सुप्रीम कोर्ट के 1989 में दिए गए एक आदेश और उसके बाद 1994 में मोटर व्हीकल ऐक्ट में किए गए संशोधन का हवाला देते हुए कहा कि डॉक्टरों को घायल व्यक्ति का इलाज बिना कोई सवाल पूछे या बगैर किसी कागजी खानापूर्ति का इंतजार किए तुरंत शुरू कर देना चाहिए।

हादसे की खबर मिलने पर अयूब के परिजन भी अस्पताल पहुँच गए। इसके बावजूद वह अस्पताल में मौजूद रही और सोलह घंटे बाद तभी वहाँ से गई जब तक उसे यह पता नहीं चल गया कि अयूब की हालत खतरे से बाहर है। वह अयूब के डिस्चार्ज होने तक रोज उसका हालचाल पूछने आती रही। अयूब के लिए फरिश्ता बनकर आई यह महिला थी 35 वर्षीय दिव्या घड़ीगाँवकर, जो साउथ मुंबई के कलाचौकी इलाके में रहती है। दिव्या लोअर परेल (जहाँ अयूब के साथ यह हादसा हुआ था) में स्थित एक फर्म में मार्केटिंग एक्जीक्यूटिव है और साथ-ही-साथ लॉ की पढ़ाई भी कर रही है। उस दिन वह भी अन्य मुंबईकरों की तरह अपने ऑफिस जा रही थी। बाद में दिव्या ने कहा, ''मुंबई शहर के बारे में कहा जाता है कि यहाँ सबसे ज्यादा फ्रेंडली व मददगार प्रवृत्ति के लोग रहते हैं। लेकिन उस दिन यह देखकर वाकई दु:ख हुआ कि कोई भी उस शख्स की मदद के लिए आगे नहीं आया, जिसके सिर में काफी चोट लगी थी।''

फंडा यह है कि व्यक्ति या समाज पर कोई विपदा आए तो आपके हृदय में तुरंत करुणा जागनी चाहिए। तभी आप मजबूत इनसान कहलाएँगे। आपने एक विज्ञापन पर गौर किया होगा जिसमें कुछ महिलाएँ कीचड़ में फँसी एंबुलेंस को धकेलकर बाहर निकालती हैं, जबकि शारीरिक तौर पर उनसे मजबूत समझा जाने वाला पुरुष समुदाय मूकदर्शक बना रहता है और बाद में शर्मिंदा होता है।

❑

धर्म और कर्म के बीच उचित भेद जरूरी

उनकी उम्र 58 साल है। वर्ष 1976 में जब वे मुंबई आए, तो उन्होंने यहाँ पर पेंटिंग, प्लंबिंग समेत कई काम किए। आखिरकार उन्होंने सिलाई-कढ़ाई की क्लास ज्वॉइन कर ली और यहीं आकर उन्हें लगा कि उन्हें अपनी दिशा मिल गई है। आज वे एक बेहद सफल डिजाइनर हैं और उनकी जिंदगी मजे से गुजर रही है। वे अपने विशाल परिवार के भरण-पोषण के लिए अच्छी कमाई कर लेते हैं। आप सोच सकते हैं कि आखिर कोई डिजाइनर अच्छे पैसे क्यों नहीं कमाएगा, जबकि डिजाइनरों के पास प्रस्तावों की कमी नहीं रहती। बहरहाल, मैं आपको बताता हूँ कि वे मुंबई के जुहू उपनगरीय इलाके में बने इस्कॉन मंदिर में स्थापित भगवान् कृष्ण और राधा की प्रतिमाओं के लिए सुंदर-सुंदर पोशाकें और अन्य साज-सज्जा तैयार करते हैं।

जब वे सिलाई सीख रहे थे, तभी जुहू स्थित इस्कॉन मंदिर के कुछ वॉलेंटियर्स एक दिन उनकी क्लास में पहुँचे और उनके द्वारा बनाए जा रहे डिजाइनों को देखकर काफी प्रभावित हुए। वॉलेंटियर्स ने उन्हें मंदिर में आकर स्वामी प्रभुपादजी से मिलने के लिए कहा। उन वॉलेंटियर्स व स्वामीजी ने उनसे कृष्ण-राधा की प्रतिमाओं के लिए पंद्रह दिन में पोशाकें तैयार करने के लिए कहा। उन पंद्रह दिनों में उनकी जिंदगी बदल गई। उन्होंने स्थायी रूप से मंदिर परिसर में काम करना शुरू कर दिया और वे इस्कॉन मंदिर के अलावा अन्य मंदिरों में स्थापित देवी-देवताओं की प्रतिमाओं के लिए भी पोशाकें तैयार करने लगे।

आज वे 20 सदस्यों की एक टीम को लीड करते हैं। उनकी यह टीम न सिर्फ भारत, बल्कि अमेरिका व यूरोप के विभिन्न हिस्सों में स्थित इस्कॉन मंदिरों के लिए भी पोशाकें तैयार करती हैं। जुहू के उस मंदिर में एक बार जाने पर आपको समझ में आ जाएगा कि हम उनके बारे में यहाँ चर्चा क्यों कर रहे हैं। इस होली व रंगपंचमी पर भगवान् की प्रतिमाएँ सिल्क से बनी गुलाबी पोशाकों में सजी थीं, जिनमें चाँदी की जरी का भी काम था। सिर्फ यही एक कारण नहीं है, जो उनका यहाँ जिक्र किया जा रहा है। एक और कारण जो संभवत: कहीं ज्यादा अहम है, वह यह है कि वे एक सच्चे मुसलमान हैं और उनका नाम है अब्दुल रशीद। पिछले 36 साल से वे दुनियाभर के विभिन्न मंदिरों में स्थापित देवी-देवताओं की प्रतिमाओं के लिए पोशाकें तैयार कर रहे हैं।

रशीद अपने धर्म का भी पूरी निष्ठा से पालन करते हुए अल्लाह की इबादत में वक्त पर नमाज अदा करते हैं। जहाँ तक काम की बात है तो वे मंदिर में आते हैं, भगवान् की प्रतिमा के दर्शन करते हैं और पोशाक डिजाइन करने में लग जाते हैं। अपने द्वारा तैयार पोशाकों में हिंदू देवी-देवताओं को सजा हुआ देखकर उन्हें काफी खुशी मिलती है।

रशीद का मानना है कि ईश्वरीय सत्ता ही इस दुनिया में ऊर्जा का स्रोत है, जिसे लोग अलग-अलग नामों से पूजते हैं। उनके जीवन में एकमात्र बदलाव यह आया है कि वे पिछले 36 वर्षों से शाकाहारी हैं। भारत में धर्म लोगों की जिंदगी को इस हद तक प्रभावित करता है कि कई बार लोग इसी के आधार पर अपना पेशा भी चुनते हैं। लेकिन रशीद इस बात की बेहतरीन मिसाल हैं कि कार्य के प्रति पूर्ण समर्पण हो तो धर्म आपकी राह में बाधा नहीं बन सकता।

फंडा यह है कि जो लाग अपने कर्म और धर्म को अलग-अलग रखते हुए उनके बीच उचित संतुलन बनाकर चलते हैं, वही विभिन्न वर्गों के हितों को साधते हुए जीवन में बेहतरीन प्रदर्शन कर पाते हैं।

❑

गरीबों का मददगार बिजनेस मॉडल बनाएँ

फिलहाल वह ग्रेजुएशन फर्स्ट ईयर की पढ़ाई कर रही है। भारत के प्रमुख शहर के मध्यमवर्गीय इलाके में रहनेवाली इस लड़की के कमरे में 503 गुड़िया सजी हुई हैं। तरह-तरह की गुड़ियाओं से अटे पड़े उसके कमरे को देखकर कोई भी उस लड़की के बारे में एकबारगी यही कहेगा कि वह अमीर माँ-बाप की बिगड़ी औलाद है। लेकिन मैं आपको बता दूँ कि उसने बहुत अमीर घराने में जन्म नहीं लिया। उसके पिता एक प्राइवेट फर्म में एकाउंटेट हैं। उसे बचपन से सिंगिंग क्लास में भेजा गया। जब वह पाँच वर्ष की थी, तब वह अपने पिता के साथ एक बार रेलवे स्टेशन गई। वहाँ पर उसने एक विकलांग लड़के को फर्श की सफाई करते देखा। यह देख उसने अपने पिता से उसे देने के लिए कुछ रुपए माँगे। यह सुनकर उसके पिता ने उससे गाना गाने के लिए कहा। उसका गाना सुनकर आस-पास खड़े लोग भी काफी प्रभावित हुए और उन्होंने उसे उस लड़के को देने के लिए खुशी-खुशी कुछ पैसे दे दिए।

यह देखकर उसके मन में विचार आया कि वह अपनी आवाज के जरिए जरूरतमंद लोगों की मदद कर सकती है। ऐसा दूसरा मौका जल्द ही आ गया। एक टीवी चैनल पर पाँच साल के लोकेश की मर्मस्पर्शी गाथा दिखाई जा रही थी, जिसे दिल की सर्जरी के लिए आर्थिक मदद की जरूरत थी। हर किसी ने उसकी यह खबर देखी, लेकिन सिर्फ दो ही लोग उसकी मदद को आगे आए। एक तो यह

लड़की और दूसरे शख्स थे बेंगलुरु के कार्डियोलॉजिस्ट देवी प्रसाद शेट्टी, जिन्होंने बच्चे की मुफ्त सर्जरी की।

उसी दिन से इस बच्ची का गरीब मरीजों की हार्ट सर्जरी के लिए फंड जुटाने का अभियान शुरू हो गया। ऐसी हरेक मदद के बाद उसने खुद को एक गुड़िया गिफ्ट देनी शुरू की। उसके कमरे में रखीं 503 गुड़ियाँ यह बताती हैं कि वह अब तक इतनी जिंदगियाँ बचा चुकी है। उसकी प्रतीक्षा सूची में 621 दिल के मरीज और हैं, जिन्होंने उससे मदद की गुहार लगाई है। इसका नाम है पलक मुछाल, जो मध्य प्रदेश के इंदौर में रहती है।

यदि आप सब टीवी का सीरियल 'लापतागंज' देखते हैं, तो आप बीजी पांडे से जरूर वाकिफ होंगे, जो अपनी गूँगी पत्नी सुरीली के गले की सर्जरी के लिए रकम जुटाने की खातिर एक लट्ठमार प्रतियोगिता में अपने से तगड़े प्रतिद्वंद्वी से मार खाता रहता है। लेकिन हार नहीं मानता। इनमें से एक रियल स्टोरी है और दूसरी रील स्टोरी, लेकिन दोनों यह जताते हैं कि गाँवों में स्वास्थ्य सुविधाओं की माँग और आपूर्ति में जबरदस्त फासला है। गाँव के गरीब-पिछड़े लोगों को गंभीर बीमारियों के इलाज के लिए या तो सीमित शासकीय सुविधाओं का आसरा है या फिर फलक जैसे सहृदयी लोगों का।

वर्ल्ड बैंक तथा प्राइस वाटरहाउस कूपर्स के एक अध्ययन के मुताबिक भारत में गाँव के कम-से-कम 30 फीसदी लोग महँगे चिकित्सकीय उपचार की वजह अस्पतालों में नहीं जाते, वहीं 47 फीसदी ग्रामीण तथा 31 फीसदी शहरी लोगों को इलाज की खातिर कर्ज लेना पड़ता है या फिर अपनी प्रॉपर्टी बेचनी पड़ती है। इसी तरह 70 फीसदी ग्रामीणों की सारी कमाई इलाज करवाने में खप जाती है। इतना ही नहीं, इलाज संबंधी खर्च लगातार बढ़ने की वजह से हर साल तकरीबन तीन करोड़ नब्बे लाख भारतीय गरीबी रेखा से नीचे पहुँच जाते हैं।

फंडा यह है कि हमें ऐसा कारगर बिजनेस मॉडल चाहिए, जो गाँव के गरीब-कमजोर वर्गों की स्वास्थ्य सुविधाओं संबंधी जरूरतें पूरी करने के साथ-साथ कुछ कमाई भी कर सके। जब तक ऐसा नहीं होता, तब तक समाज के इन कमजोर वर्ग के लोगों को पलक जैसों के ही आसरे रहना होगा।

❑

सहृदयी ही करते हैं निःस्वार्थ भाव से सेवा

तकरीबन तीस साल पहले प्रभाकर कुन्नेरी की माँ ने इलाके के लोगों को 'अंबाली' पिलाना शुरू किया था। यह एक हैल्थ ड्रिंक है जो गरमी के मौसम में शरीर को ठंडक प्रदान करते हुए उसे डीहाइड्रेशन से बचाता है। गरमियों में आंध्र प्रदेश के हैदराबाद का मौसम बेहद गरम होता है, ऐसे में 'अंबाली' पीने से गरमी उनके शरीर पर ज्यादा प्रभाव नहीं डाल पाती और वे सारा दिन ऊर्जावान बने रहते हैं। तकरीबन 12 साल पहले प्रभाकर की माँ चल बसीं, लेकिन इस 'महान् सेवा' का विचार उनके साथ खत्म नहीं हुआ। पेशे से प्राइवेट इलेक्ट्रिशियन प्रभाकर ने माँ के द्वारा शुरू किया गया यह पुनीत कार्य जारी रखा। प्रभाकर और उनका परिवार इस काम को हर साल अप्रैल के तीसरे हफ्ते में शुरू करता है, जब गरमी अपने चरम पर होती है और वर्षा ऋतु आने तक यह उद्यम चलता रहता है। प्रभाकर का परिवार तड़के सुबह साढ़े चार बजे उठ जाता है और दिनभर की जरूरतों के लिहाज से अंबाली बनाने लगता है। वे रोज लगभग 50 लीटर अंबाली बनाते हैं और हर आने-जाने वाले को पिलाते हैं।

उनके यहाँ इस एनर्जी ड्रिंक को पीने आनेवाले लोगों में राजनेता, ड्राइवर, रिक्शा चालक, पैदलयात्री, कुली और मजदूर इत्यादि सब शामिल होते हैं। कुछ लोग तो इसे पीने के बाद जेब से पर्स निकालकर आर्थिक मदद देने की पेशकश भी करते हैं, जिसे लेने से प्रभाकर का परिवार विनम्रतापूर्वक इनकार कर देता है।

कोलकाता में रहने वाली बीस मुखर्जी ने सड़क पर एक कुत्ते को घायलावस्था में पड़े हुए देखा, जिसे कोई गाड़ी कुचलते हुए निकल गई थी। वह कुत्ते को उठाकर डॉक्टर के पास ले गई और उसका उपचार कराया, जिससे वह दोबारा चलने लायक हो गया। सड़कों पर भारतीय कुत्तों की दुर्दशा पर उसका कहना है कि ऐसा इसलिए हो रहा है क्योंकि हम भारतीय अब विदेशी नस्ल के कुत्ते खरीदकर पालने लगे हैं, जिस वजह से देसी कुत्ते बेघर हो गए हैं। जब भी वह सड़क पर किसी घायल कुत्ते या पपी को देखती है तो उसे अपने घर ले आती है और उसकी अच्छी तरह देखभाल करती है। वह इनका पशु चिकित्सक से नियमित चेकअप करवाती है और समय-समय पर टीके भी लगवाती है। उसका कहना है, "देसी कुत्तों को यदि समुचित टीके लगे हों तो उनसे हमें कोई नुकसान नहीं पहुँच सकता। ये हमारे देसी कुत्ते होते हैं। उन्हें आवारा इसलिए कहा जाता है क्योंकि हमने विदेशी नस्ल के कुत्तों को खरीदते हुए इन्हें बेघर कर दिया है।"

उत्तर प्रदेश में रहनेवाला ओम प्रकाश यादव 11 साल का बच्चा है। उसके पिता किसान हैं। सातवीं कक्षा में पढ़नेवाला ओम प्रकाश 4 सितंबर, 2010 को एक मारुति वैन में अन्य छात्रों के साथ स्कूल जा रहा था। तभी शॉर्ट सर्किट से कार में लगी गैस किट में आग लग गई। यह देखकर ड्राइवर तुरंत कार से बाहर कूदकर भाग गया। लेकिन ओम प्रकाश ने ऐसा नहीं किया। उसने वैन का दरवाजा तोड़ा और साथी बच्चों को खींचकर वहाँ से निकाला। इस दौरान उसने अपने चेहरे, हाथ व पीठ तक पहुँच चुकी आग की लपटों की भी परवाह नहीं की। उसने आठ बच्चों की जान बचाई। उसकी इस बहादुरी के लिए उसे संजय चोपड़ा पुरस्कार दिया गया।

हममें से हर कोई ओम प्रकाश जैसा नहीं हो सकता। लेकिन हम बीस मुखर्जी या प्रभाकर जैसे तो हो सकते हैं, जो छोटे रूप में ही सही, लेकिन अपने तरीके से दूसरों की भलाई का काम कर रहे हैं।

फंडा यह है कि जीवन में अच्छे काम करने के लिए आपका दिल नेक होना चाहिए। एक नेक दिल आखिरकार दयालु हृदय बन जाता है, जो हमारे शरीर व दिमाग को समाज की नि:स्वार्थ सेवा के लिए प्रेरित करता है।

❑

उद्यम ऐसा हो, जो दूसरों का पेट भर सके

बेंगलुरु के निकट रहनेवाली 60 वर्षीय एस गीता ऐसे काम की तलाश में थी, जिसमें उसे ज्यादा शारीरिक श्रम न करना पड़े, क्योंकि ईंटें ढोना अब उस पर भारी पड़ रहा था। भूमिहीन होने की वजह से उसे इस उम्र में भी यह बेहद मेहनत वाला काम करना पड़ता था। एक दिन उसकी मुलाकात बीआर मनजम्मा से हुई, जो उससे आधी उम्र की थी। मनजम्मा के दो बच्चे थे, जो नियमित तौर पर स्कूल जाते थे। गीता जानती थी कि मनजम्मा का दांपत्य जीवन बहुत दिक्कतों से गुजर रहा था। उसका पति पियक्कड़ था और उसने स्थानीय महाजन से धन भी उधार ले रखा था, जिस वजह से आए दिन उसके यहाँ लड़ाई-झगड़ा होता रहता था। लेकिन गीता यह नहीं जानती थी कि पिछले दो वर्षों में किसने उसका जीवन बदल दिया। वह घर बैठे-बैठे हर महीने तकरीबन 4000 रुपए कमा लेती है। मनजम्मा अब हर महीने महाजन को 2000 रुपए की किश्त चुकाती है और बाकी बची रकम अपने किचन और बच्चों की पढ़ाई पर खर्च करती है। संभवतः अप्रैल तक उसका कर्ज चुकता हो जाएगा। गीता यह जानने का उत्सुक थी कि मनजम्मा कहाँ पर और क्या काम करती है।

शहर के दूसरे घरों की तरह मनजम्मा अपने रोजमर्रा के काम निपटाने के बाद सुबह दस बजे अपना कामकाजी जीवन शुरू करती है और शाम को छह बजे तक काम बंद कर देती है। मनजम्मा का काम बाँस की तीलियों पर चारकोल पाउडर व

गोंद चिपकाना और इन्हें धूप में एक-डेढ़ घंटे तक सुखाना है। इस तरह तैयार तीलियों के आधार पर उसकी कमाई निर्धारित होती है। हर दिन औसतन वह ऐसी 12 किलो तीलियाँ तैयार कर लेती है, जिससे उसे महीने में 4000 रुपए की कमाई हो जाती है। अब मनजम्मा की सिफारिश पर गीता भी घर पर यह काम करने लगी है। उसने इसकी एक हफ्ता ट्रेनिंग भी ली है। गीता के अगरबत्तियाँ बनाने के काम में पारंगत होने तक मनजम्मा ने उसके काम पर निगाह रखी। अब पिछले चार महीने से वह बहुत खुश है, क्योंकि उसे उस जी-तोड़ मेहनत वाले काम से छुटकारा मिल गया है, जो वह पिछले 35 साल से करती चली आ रही थी।

यह साठ वर्षीय महिला उन 30,000 महिलाओं में से एक है, जो क्रमश: साइकिल व मंगलदीप ब्रांड की अगरबत्तियाँ बनानेवाले आईटीसी व एनआर ग्रुप के साथ काम करती हैं। कर्नाटक, ओडिशा, तमिलनाडु, त्रिपुरा, असम और आंध्र प्रदेश के अंदरूनी इलाकों में रहनेवाली ये महिलाएँ अगरबत्तियों को रोल करते हुए अपनी आजीविका अर्जित करती हैं। जब आप इन अगरबत्तियों को अपने आराध्य देवी-देवता की मूर्ति के समक्ष जलाते हुए अपने घर-परिवार व दूसरों की भलाई के लिए प्रार्थना करते हैं, तब इस बात का भी ध्यान रखें कि इस तरह आप वास्तव में देश के दूरदराज इलाकों में रहनेवाली ऐसी ही कुछ अनजान महिलाओं के घर का चूल्हा भी जला रहे हैं। यदि आप इस व्यवसाय को कारोबारी नजरिए से देखें तो पाएँगे कि इसकी माँग व आपूर्ति में काफी अंतर है। एशिया के अलावा लैटिन अमेरिका, अफ्रीका, यूरोप और उत्तरी अमेरिका अगरबत्तियों के बड़े उपभोक्ता हैं और वर्ष 2011 तक इनकी आधी भी माँग पूरी नहीं हो सकी। ऐसे में आईटीसी व एनआर समूह ने इस साल से अगरबत्तियों के निर्माण का लक्ष्य दोगुना करने का निश्चय किया है। इसका मतलब है कि ऐसी 30,000 और गरीब महिलाओं के घर का चूल्हा जल सकेगा।

फंडा यह है कि यदि आप व्यापक समाज की भलाई के लिए वास्तव में कोई उद्यम शुरू करना चाहते हैं तो ऐसा कोई उद्यम शुरू करें जिससे अनेक गरीब परिवारों का चूल्हा जल सके यानी उनका पेट भर सके।

❑

ईमानदारी और सत्यनिष्ठा का पहचानें मोल

सब लोग उसे 'काकू' कहकर बुलाते हैं। यह कर्मठ महिला घर का हर काम करती है। घर में मौजूद चार प्राणियों (जिनमें एक कुत्ता भी शामिल है) के लिए अलग-अलग खाना पकाती है। वह सुनिश्चित करती है कि गृहस्वामी की इकलौती बेटी को समुचित पोषण मिले। वह उस युवा लड़की की सलाहकार भी है। घर में पला कुत्ता उसके बगैर खाना नहीं खाता। हालाँकि वह अपने मालिक से भी बहुत प्यार करता है और उनकी कार में घूमने जाता है। कुत्ते के इन्हीं नखरों की वजह से 'काकू' ने कभी छुट्टी नहीं ली। जब उसने एक बार 15 दिन का ब्रेक लेना चाहा, तो उस परिवार का जीवन मानो थम सा गया और उसके मालिक दंपति को अपने कुत्ते व बच्चे की देखभाल के लिए सारा काम छोड़कर घर पर बैठना पड़ा। डाकिया, कूरियर ब्वॉय, चौकीदार और सोसाइटी मैनेजर समेत सब लोग जानते हैं कि 'काकू' कौन है, लेकिन किसी को भी यह पता नहीं है कि घर का मालिक कौन है, क्योंकि इसके मालिक देर रात को घर आते हैं और 'काकू' ही हमेशा इस घर में नजर आती है। वह इस घर से जुड़े भुगतान के मामले सँभालती है, किचन की जरूरत का सारा सामान खरीदती है, मासिक किराना इत्यादि का प्रबंध करना उसकी जिम्मेदारी है और वही यह तय करती है कि घर में आज क्या पकेगा। वह उस घर में पिछले तकरीबन सात साल से काम कर रही है।

पिछले साल उनके एक पड़ोसी ने प्राइमरी में पढ़ रहे अपने लड़के व लड़की

को पढ़ाने के लिए एक टीचर नियुक्त किया। 'काकू' को टीचर का व्यवहार संदिग्ध लगा और उसने अपने मालिक को इसके बारे में बताया। उसके मालिक ने उसकी बात को ज्यादा गंभीरता से नहीं लिया। हालाँकि इसके बारे में उन्होंने पड़ोसी को जरूर सूचित कर दिया। इससे पहले कि पड़ोसी इसके बारे में कोई फैसला कर पाते, उस टीचर ने बच्चों को नींद की गोलियाँ खिला दीं और घर में रखे जेवर व अन्य कीमती सामान लेकर चंपत हो गया, जिनकी कीमत तकरीबन 17 लाख रुपए थी। बाद में वह टीचर पकड़ा गया, लेकिन रिकवरी आधी और वह भी धीरे-धीरे हो पाई।

इसने हमें यह सोचने पर विवश कर दिया कि कैसे एक घरेलू परिचारिका इतनी ईमानदार हो सकती है, वहीं दूसरी ओर एक टीचर बेईमानी पर कैसे उतर सकता है? सालों पहले जब काकू के मौजूदा नियोक्ताओं ने उसका पहला साक्षात्कार लिया था, तो उसने खाना पकाने के लिए 1500 रुपए माँगे थे। गृह मालिकों ने उसके साथ तकरीबन चार घंटे तक बातचीत करते हुए उसके परिवार के बारे में पूरी जानकारी ली, साथ ही यह भी जाना कि उसके तमाम परिजन कितना कमाते हैं। इसके बाद उस दंपती ने तय किया कि वह इतनी थोड़ी कमाई में अपने परिवार का खर्चा नहीं चला सकती, लिहाजा उन्होंने उसका वेतन 2500 रुपए महीना तय कर दिया। आज सात साल तक सेवाएँ देने के बाद उसे महीने में 7000 रुपए वेतन मिलता है। इसके अलावा उसे दीपावली जैसे पर्व पर उपहार व कपड़े भी मिलते हैं। इसके उलट टीचर ने दोनों बच्चों को पढ़ाने के बदले में 5000 रुपए महीने की माँग की थी; लेकिन उनके पड़ोसी मोल-भाव करने के बाद उसे 3000 रुपए तक लाने में सफल रहे। पड़ोसी इस बात से खुश थे कि उन्होंने सालाना 24,000 रुपए का शैक्षणिक खर्च बचा लिया, लेकिन इसके बाद क्या हुआ, यह अब हम सबको पता है।

फंडा यह है कि केवल शिक्षित होने मात्र से इस बात की कोई गारंटी नहीं कि ईमानदारी भी आ जाए।

❑

मिशन ऐसा हो जो लोकप्रिय बनाए

1980 के मध्य दौर के आसपास एक उच्च शिक्षित सज्जन, जिनका लिबास बिलकुल सादा था और बाल भी सफेद हो चुके थे, तमिलनाडु के मदुरै में स्थित अरविंद आई हॉस्पिटल पहुँचे। वे अपनी आँखों का ऑपरेशन करवाना चाहते थे। काउंटर पर बैठे क्लर्क ने सर्जरी के लिए तकरीबन 3000 रुपए जमा करने को कहा। वे सज्जन जेब में इतनी ज्यादा रकम लेकर चलने के आदी नहीं थे और न ही उनके पास कोई क्रेडिट कार्ड था, लिहाजा उन्होंने चेक से भुगतान करने की मंशा व्यक्त की। इस बात से क्लर्क थोड़ा परेशान हो गया और उनसे बोला कि वह किसी और काउंटर पर जाकर यह सुविधा बिलकुल मुफ्त प्राप्त कर सकते हैं। वे सज्जन उस मुफ्त वाले काउंटर पर गए और अपनी आँखों का इलाज करवाया। वे इससे बहुत खुश थे कि उन्हें वहाँ इतनी बेहतर आई केयर सुविधा मिली और वह भी बिलकुल मुफ्त। वे उन 3 करोड़ 20 लाख मरीजों में शामिल हैं, जिन्होंने पिछले 35 साल में उपरोक्त संस्थान से बेहतरीन आई केअर सुविधा प्राप्त की है। आगे चलकर यही सज्जन हमारे देश के राष्ट्रपति बने। इनका नाम है—एपीजे अब्दुल कलाम। यह समूह अपने सात अस्पतालों और 49 डायग्नोस्टिक सेंटर के साथ 65 फीसदी से ज्यादा मरीजों का इलाज मुफ्त करता है।

25 जनवरी, 2012 को चेन्नई में 'इनफिनिट विजन' नामक एक किताब लॉञ्च की गई, जिसमें हमारे पूर्व राष्ट्रपति के उपरोक्त प्रकरण समेत और भी कई किस्से दर्ज हैं। अस्पताल की शुरुआत डॉ. जी. वेंकटस्वामी ने वर्ष 1976 में मदुरै जिले में 11 बिस्तरों वाले क्लिनिक के तौर पर की थी, जो धीरे-धीरे मोतियाबिंद के

रोगियों के लिए एक प्रमख उपचार केंद्र बन गया, क्योंकि देश में यह एकमात्र ऐसा संस्थान है जो महज 3000 रुपए या इससे कम में मोतियाबिंद का इलाज मुहैया कराता है। इस समूह की सबसे बड़ी जीत या सफलता यह है कि जो इंट्राऑक्युलर लेंस पहले 150 डॉलर में आयात होता था, उसकी लागत को यह समूह 2 डॉलर (महज 100 रुपए) तक ले आया है। इनका मुख्य फोकस इस पर केंद्रित था कि नेत्र संबंधी उपचार की लागत को कम-से-कम किया जाए, ताकि अधिसंख्य आबादी को इसका लाभ मिल सके। उनका लक्ष्य कारोबारी सफलता हासिल करने के बजाय देश से अंधत्व का उन्मूलन करना था।

वास्तव में यह अस्पताल इस बात के लिए भी बिजनेस सर्किल में एक मिसाल बन गया है कि इसके स्टाफकर्मी अन्य अस्पतालों के मुकाबले कम तनख्वाह पाने के बाद भी इसके साथ जुड़े रहते हैं। देश से अंधत्व मिटाने के लिए अपनी प्रतिभाओं में निवेश करने के बाद स्टाफ का उनके साथ जुड़े रहना उनके लिए सबसे बड़ी जीत है। तमिलनाडु में स्थित होने की वजह से जाहिर तौर पर बड़ी संख्या में तमिलभाषी लोग इस सुविधा का लाभ उठाते हैं। तमिलनाडु के लिए एक और फायदे की बात यह है कि वहाँ ऐसा एक और सेंटर है, जिसका नाम है शंकर नेत्रालय। यह संस्थान भी काफी हद तक अंधत्व निवारण में अपना योगदान दे रहा है। अरविंद आई केयर जाहिर तौर पर इस मामले में आगे है, यद्यपि दोनों आदर्श संस्थानों की तुलना करना बेमानी है।

फंडा यह है कि यदि आप समाज का हित किसी भी माध्यम से करना चाहते हैं तो कोशिश कीजिए कि समाज के अंतिम व्यक्ति को उसका लाभ मिले।

❑

भ्रष्टाचार दूर करने में नई पीढ़ी ही है सक्षम

कोई नहीं जानता कि दान देने वाला कौन है और उसने कितना दान दिया है। यह भी कोई नहीं जानता कि दान में दिया क्या गया है, लेकिन जब हुंडी खुलती है तो उसमें ढेरों रुपए समेत एक ग्राम से लेकर कई किलो तक सोना दान में मिलता है। यही नहीं, यदाकदा कुछ मशीनी पुरजे भी निकलते हैं। समाज के हर तबके के लोग अपनी क्षमता के हिसाब से हुंडी में दान करते हैं। दान में मिली एक-एक चीज गिनी जाती है, उसका ऑडिट होता है और बाद में बैंक में जमा कर दी जाती है। यह पूरी प्रक्रिया बगैर किसी भ्रष्टाचार के सालों से चली आ रही है। मैं बात कर रहा हूँ तिरुपति तिरुमाला देवस्थानम के बारे में, जो देश में आस्था के एक बड़े केंद्र के रूप में विख्यात है। यहाँ साल भर में 2 करोड़ 80 लाख लोग दर्शन करने आते हैं। दान पात्र यानी हुंडी प्रत्येक आठ घंटे में खोली जाती है और कोई भी एक पैसा इधर से उधर करने की हिम्मत नहीं करता। हालाँकि औपचारिकता के नाम पर हुंडी के क्षेत्र में आने वाले लोगों की जामा-तलाशी होती है।

इस तलाशी का भी सबसे सशक्त और महत्त्वपूर्ण पहलू यह है कि इस तरह का कोई नियम नहीं है। यानी हर आने-जाने वाले की तलाशी नहीं होती, बल्कि श्रद्धालुओं की भीड़ में से किन्हीं तीन को चुना जाता है। इसके बाद वे आठ घंटे तक हुंडी से निकलने वाली रकम और अन्य वस्तुओं की गिनती के काम पर नजर रखते हैं। प्रत्येक शिफ्ट में हुंडी का चौकीदार इस सेवा के लिए लोगों से लाउडस्पीकर से

योगदान देने का आग्रह करता है। फिर एकत्र भीड़ में से किन्हीं तीन को चुना जाता है। इस सेवा के लिए उन्हें पहचान-पत्र पेश करना होता है। इसे दिखाने के बाद वे रजिस्टर पर अँगूठे से निशान लगाते हैं और फिर परिसर में प्रवेश कर हुंडी की पूरी गिनती की प्रक्रिया पर नजर रखते हैं। इस सेवा के लिए आगे आने वाले प्रत्येक स्वयंसेवी को गिनती पूरी होने के बाद स्टेट बैंक ऑफ इंडिया के रजिस्टर पर हस्ताक्षर करने होते हैं। इसका मतलब यह है कि पूरी गिनती उसकी नजरों के सामने हुई है और वह प्रक्रिया से संतुष्ट है। दान की यह राशि करोड़ों रुपए में होती है। विदेशी मुद्रा, हीरे-जवाहरात और सोने की गिनती की अलग व्यवस्था है। ऐसे में कतई आश्चर्य नहीं होता कि वेटिकन सिटी के बाद इसे सबसे रईस धार्मिक केंद्र करार दिया जाता है।

दूसरी तरफ भ्रष्टाचार मिटाने के खिलाफ सरकार के प्रयासों के तहत अब स्कूली बच्चों से आगे आने के लिए कहा गया है। वे नैतिकता का संदेश देकर इस बुराई को रोकने के लिए आवाज बुलंद करेंगे। इसके लिए केंद्रीय सतर्कता आयोग ने सीआईएससीई और सीबीएसई से संबद्ध स्कूलों में इंटीग्रिटी क्लब का गठन करने को कहा है। इसमें शामिल होनेवाले बच्चों को नैतिकता का पाठ पढ़ाया जाएगा और बताया जाएगा कि भ्रष्टाचार से दूर रहना ही समाज और देश के हित में है। क्लब का सदस्य बनने के बाद स्कूली बच्चों को कई गतिविधियों में भाग लेना होगा। इसके तहत वे सरकारी विभागों में जाएँगे। वहाँ की कार्यप्रणाली पर नजर रखते हुए कर्मचारियों से रिश्वत न लेने का आग्रह करेंगे। इस अभियान के तहत टीवी, इंटरनेट और मोबाइल फोन के नकारात्मक प्रभावों से दूर रहने की शिक्षा भी बच्चों को दी जाएगी। इसकी बदौलत बच्चे यह भी समझ सकेंगे कि परीक्षा के दौरान नकल करना भी एक तरह का भ्रष्टाचार है।

फंडा यह है कि अगर हम स्कूली बच्चों को सभी सरकारी विभागों में ले जाएँ तो वे उनकी कार्यप्रणाली पर न सिर्फ नजर रखेंगे, बल्कि यह सुनिश्चित भी करेंगे कि हमारे तंत्र में भ्रष्टाचार के लिए किसी भी तरह की जगह न बचे। मुझे इस पीढ़ी पर बहुत ज्यादा भरोसा है। आरटीओ जैसे सरकारी विभागों में इन्हें बतौर पायलट प्रोजेक्ट लेकर जाएँ, अंतर आप स्वयं महसूस करेंगे।

❑

अपनी विपदा से न करें दूसरों का आकलन

एक सीनियर डॉक्टर तेज कदमों से चलते हुए अस्पताल में दाखिल हुए, जिन्हें वहाँ एक आपातकालीन सर्जरी के लिए बुलाया गया था। कुछ देर पहले तक वह डॉक्टर ऐसी जगह पर थे, जहाँ लोग अमूमन बहुत कम जाते हैं। उनके साथ उस जगह पर कुछ स्टाफ भी मौजूद था। जब उन्हें अस्पताल से फोन आया तो वे तुरंत अपने अधीनस्थ कर्मियों के साथ वहाँ से निकल पड़े। अस्पताल में पहुँचते ही उन्होंने अपने कपड़े बदले और सीधे सर्जरी ब्लॉक में पहुँच गए। वहाँ उन्होंने देखा कि एक लड़के का पिता अंदर-बाहर होते हुए डॉक्टर के आने का बेसब्री से इंतजार कर रहा है। उन्हें देखते ही लड़के का पिता लगभग चीखते हुए बोला, ''आपको आने में इतना समय कैसे लग गया? क्या आप नहीं जानते कि मेरे बेटे का जीवन खतरे में है? क्या आपको अपनी जिम्मेदारी का अहसास नहीं है?''

डॉक्टर ने मुसकराते हुए उससे कहा, ''आई एम सॉरी, लेकिन मैं अस्पताल में नहीं था और जैसे ही मुझे आपके बेटे के बारे में सूचना मिली, मैं तुरंत यहाँ आया, कृपया आप शांत हो जाएँ और मुझे अपना काम करने दें।'' ''शांत हो जाऊँ! यदि आपका बेटा इस वक्त इस कमरे में होता, तो क्या आप शांत रह पाते? यदि अभी आपका बेटा मर जाए तो आप क्या करेंगे?'' पिता का गुस्सा कम होने का नाम नहीं ले रहा था। डॉक्टर ने एक बार फिर मुसकराते हुए जवाब दिया, ''मैं वही कहूँगा, जो धर्मग्रंथों में लिखा है, 'हम इस मिट्टी से आए हैं और वापस इसी

मिट्टी में मिल जाएँगे…' डॉक्टर व्यक्ति के जीवन को लंबा नहीं कर सकते। कृपया आप यहाँ से जाएँ और भगवान् से अपने बेटे की दीर्घायु के लिए प्रार्थना करें। हम आपके बेटे को बचाने की पूरी कोशिश करेंगे, बाकी सब ऊपर वाले के हाथ में है।'' तब तक नर्सें भी सर्जरी की बाकी तैयारियाँ कर चुकी थीं और उन्होंने लड़के के पिता से वहाँ से जाने के लिए कहा, ताकि वे अपना काम कर सकें।

''जब खुद पर न बीत रही हो तो सलाह देना काफी आसान होता है।'' बच्चे के पिता ने फुसफुसाया। स्टाफ ने यह टिप्पणी अनसुनी सी कर दी, क्योंकि वे मरीजों के परिजनों के इस तरह के अतार्किक व्यवहार को कई बार झेल चुके थे। कई घंटे तक चली सर्जरी के बाद डॉक्टर ने ऑपरेशन थिएटर से बाहर आकर लड़के के पिता से कहा, ''भगवान् का शुक्र है! आपके बेटे की जान बच गई।'' इतना कहने के बाद वह यह कहते हुए तेजी से वहाँ से निकल गए, ''आपको और कुछ पूछना हो तो नर्स से पूछ सकते हैं।'' कुछ देर के बाद जब एक नर्स ऑपरेशन थिएटर से बाहर आई तो लड़के के पिता ने उससे कहा, ''आखिर यह डॉक्टर इतना खड़ूस क्यों है?''

यह सुनकर नर्स ने डबडबाई आँखों से कहा, ''कल एक सड़क दुर्घटना में उनके बेटे का निधन हो गया। जब आपके बेटे के लिए अस्पताल से उन्हें फोन किया गया, उस वक्त हम सब उनके बेटे के अंतिम संस्कार के लिए श्मशान घाट में इकट्ठा थे। अब आपके बेटे की जिंदगी बचाने के बाद वह अपने बेटे के अंतिम-संस्कार की बाकी रस्में निभाने के लिए भागे हैं।'' मुझे नहीं लगता कि यह सुनने के बाद वह शख्स डॉक्टर व उनकी समर्पित टीम के बारे में इतना बुरा बोलने के लिए खुद को कभी माफ कर पाया होगा।

फंडा यह है कि अपने मुश्किल हालात के आधार पर किसी और का आकलन करना ठीक नहीं है, क्योंकि उस वक्त आपकी मनोदशा ठीक नहीं होती। इसी वजह से समझदार लोग कहते हैं—पहले एक लंबी साँस लें और फिर कोई प्रतिक्रिया दें। हम नहीं जानते कि सामने वाले की जिंदगी में क्या चल रहा है या वह किस तरह के हालात से गुजर रहा है।

❑

लोगों के जरिए ही खड़ा होता है कारोबार

आर पी कपूर 1990 के दशक में मध्य प्रदेश शासन में मुख्य सचिव हुआ करते थे। वे उस जमाने के बेहद सम्मानित नौकरशाह थे। उन्होंने भोपाल में 16 अगस्त, 2011 को अंतिम साँस ली। उनके निधन की खबर फैलते ही उनके घर पर लोगों का ताँता लग गया, जिनमें अनेक वरिष्ठ नौकरशाह व सरकारी अफसर शामिल थे। हिमकार मिश्रा, जो रियालंस समूह के मध्य प्रदेश व छत्तीसगढ़ अंचल के कॉरपोरेट कम्युनिकेशन के हैड हैं, श्रीमती कोकिला अंबानी व अनिल अंबानी की ओर से शोक संवेदनाएँ व्यक्त करने वहाँ पहुँचे। उन्होंने कपूर साहब के घर में दाखिल होने से पहले अनिल अंबानी को इसके बारे में एक एसएमएस भेजा। इसके बाद वे लोगों के बीच जाकर बैठ गए जो श्रीमती कपूर और पुलिस विभाग में कार्यरत उनके पुत्र वरुण को सांत्वना देने के लिए जमा हुए थे।

उन्हें वहाँ पहुँचे पाँच मिनट भी नहीं हुए होंगे कि उनका फोन वायब्रेट करने लगा। फोन अनिल अंबानी का था। यह समझते हुए कि अनिल अंबानी कपूर साहब के परिजनों से बात करना चाहते हैं, उन्होंने फोन वरुण को दे दिया। इसके बाद अनिल ने वरुण की माँ से भी बात की और उस वक्त भोपाल न आ पाने के लिए खेद व्यक्त किया। अंतिम क्रियाकर्म के बाद हिमकार वापस घर आ गए, जहाँ फिर अनिल अंबानी का फोन उनके पास आया। उन्होंने इस शख्स से एक बात कही—हम लोगों की खुशियों में शामिल न हो सकें तो कोई बात नहीं, लेकिन

इसका हमेशा खयाल रखना कि जब उन्हें हमारी जरूरत हो और खासकर जब उन्होंने अपने किसी परिजन को खो दिया हो, तो हम वहाँ पर जरूर हों। हमारी कंपनी की यही नीति है और हरेक कर्मी को यह बात समझनी चाहिए।

इंफोसिस के संस्थापक नारायणमूर्ति भी इस बात का खास खयाल रखते हैं। एक बार 20 दिनों के थकाऊ विदेशी दौरे से जब वे भारत वापस लौटे तो एयरपोर्ट से सीधे उन्होंने उस अस्पताल का रुख किया, जहाँ पर उनकी कंपनी का एक कर्मचारी अचानक बीमार पड़ने की वजह से भरती था। यदि उनका कोई कर्मचारी गंभीर रूप से बीमार पड़ जाए तो यह बात तुरंत उनके संज्ञान में लाई जाती और नारायणमूर्ति भी यह सुनिश्चित करते कि वह व्यक्तिगत तौर पर उसे देखने जाएँ।

एक बार उन्होंने अपने एक कार्यक्रम को कुछ घंटे पहले ही आयोजित करवा लिया, क्योंकि उन्हें अपने करीबी सहयोगी नंदन नीलकेणी की माँ के अंतिम संस्कार में शिरकत करनी थी। इसी तरह दैनिक भास्कर का एक कर्मचारी गंभीर रूप से बीमार पड़ गया और समूह के डायरेक्टरों ने उसे दिल्ली भेजने के लिए चार्टर्ड फ्लाइट का इंतजाम करने में एक पल की देरी नहीं लगाई, ताकि उसका एम्स में इलाज हो सके।

मैंने खुद समूह के डायरेक्टर गिरीश अग्रवालजी को अनेक शवयात्राओं तथा शोकसभाओं में शिरकत करते देखा है, जबकि उन्हें इसके लिए घंटों की हवाई यात्रा करके आना पड़ा। बहुत कम सफल बिजनेसमैन यह सुनिश्चित करने की कोशिश करते हैं कि कर्मचारियों या उनके परिजनों पर आपदा आने के क्षणों में उनके साथ रहा जाए। एक सफल कारोबारी साम्राज्य चलाना अलग बात है और अच्छा इनसान बनना अलग बात।

फंडा यह है कि कारोबारी साम्राज्य एक उद्देश्य को लेकर खड़े किए जाते हैं। ये लोगों द्वारा तैयार होते हैं और मुनाफा इस प्रक्रिया का बाय-प्रोडक्ट है। जिस तरह शरीर को खून और पानी की जरूरत होती है, उसी तरह बिजनेस के लिए भी रकम चाहिए। लेकिन हम सब जिंदगी में कुछ उपलब्धि पाने के लिए काम करते हैं, सिर्फ धन कमाने के लिए नहीं। इसी तरह कारोबार खड़ा करने के पीछे भी एक उद्देश्य होता है। अक्लमंद कारोबारी यह बात अच्छी तरह से जानते हैं।

❑❑❑